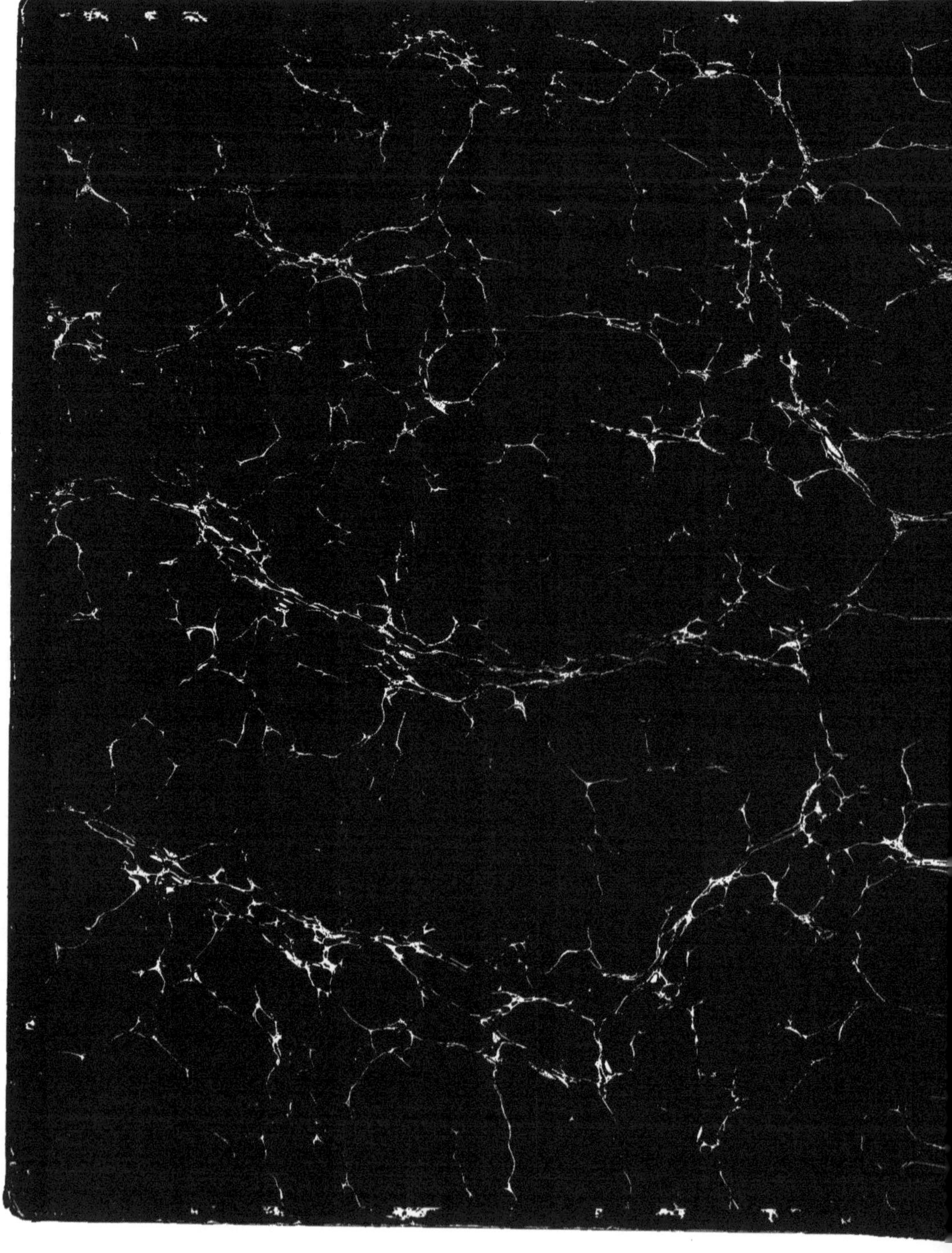

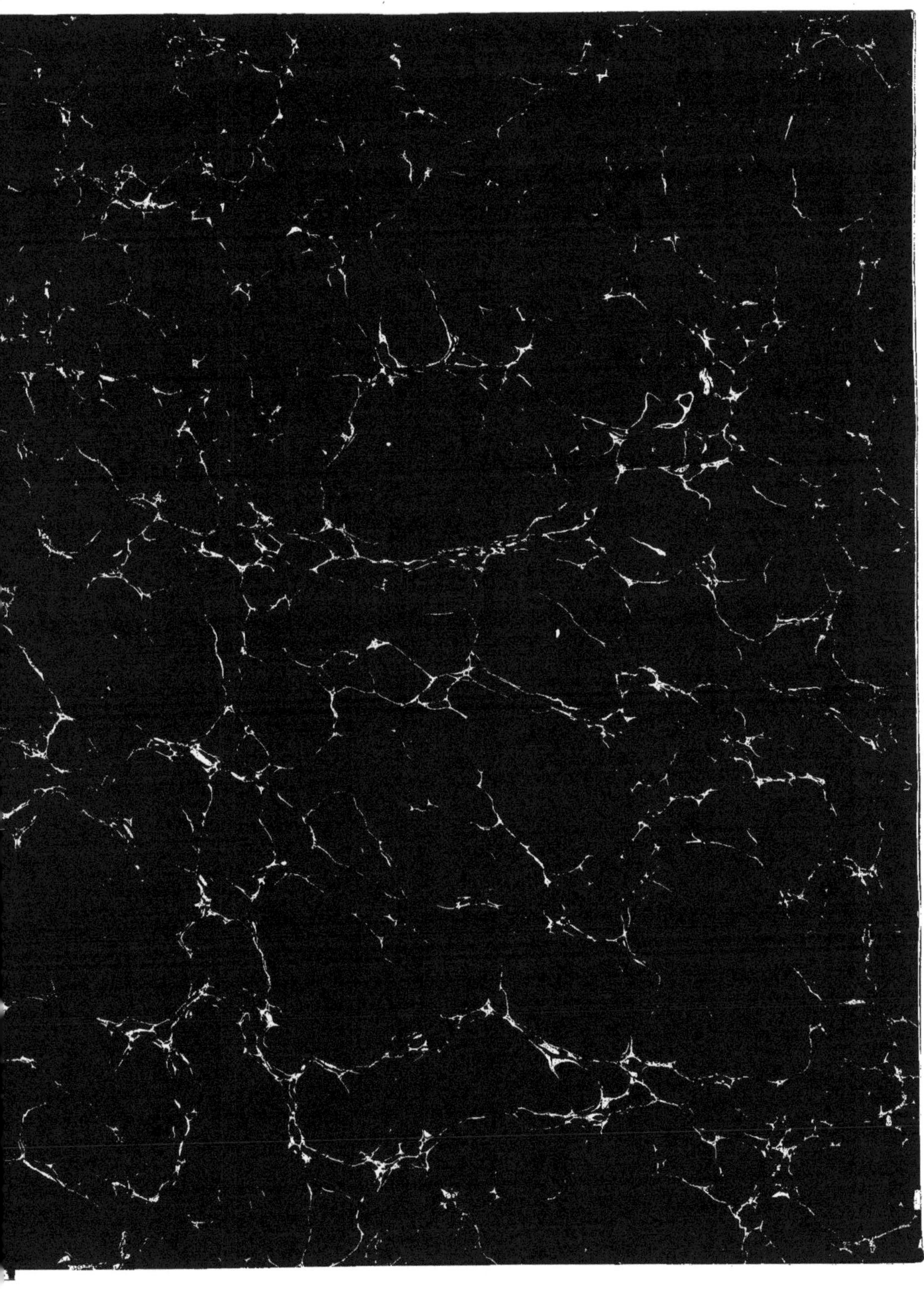

DES STEPPES

LA VIE
DES STEPPES KIRGHIZES

LA VIE

DES

STEPPES KIRGHIZES

LA VIE

DES

STEPPES KIRGHIZES

DESCRIPTIONS, RÉCITS & CONTES

Texte et Illustrations à l'eau-forte

PAR

BRONISLAS ZALESKI

PARIS

J.-B. VASSEUR, LIBRAIRE-ÉDITEUR, 36, RUE DU PETIT-LION

1865

Les pages que je présente aujourd'hui au public ne sont ni des recherches historiques, ni des études ethnographiques ; elles ne sont pas davantage des impressions de touriste. Déporté dans ces lointaines contrées, j'y ai passé neuf longues années, et j'eus occasion d'en parcourir en tous sens la vaste étendue, quelquefois à pied et le plus souvent à cheval. Dessiner devenait alors pour moi quelque chose de plus qu'un amusement passager. Les heures où j'avais le crayon à la main étaient mes meilleures heures, celles du recueillement, de l'oubli de plus d'un chagrin poignant. Une douce intimité s'établissait entre moi et la nature ; je lui demandais des enseignements, et lorsqu'il m'était arrivé de demeurer plusieurs jours dans un même endroit, je me familiarisais avec l'immensité du désert, et je découvrais en chaque chose, jusque dans les lignes d'un horizon sur lequel se détachait seulement quelque rocher isolé, un genre spécial de beauté.

Témoin involontaire de la vie des fils du steppe, je me trouvais en situation de l'observer à mon gré. Je réussis à entendre de leur bouche quelques contes, véritables enfants de leur esprit.

Je livre une partie des observations ainsi recueillies, des sons notés alors, dans la pensée qu'un travail pareil aura au moins l'intérêt de la nouveauté. Aucun homme de l'Occident n'a encore, que je sache, envisagé le côté artistique de cette région, ni n'en a retracé les paysages. Ce que je revendique pour mon œuvre, c'est que tout y a été pris sur place, et que dans les dessins, aussi bien que dans le texte, j'ai suivi, non mon imagination, mais la nature. C'est pourquoi j'ose prétendre que le moindre détail, comme le plus simple trait, ont, à défaut peut-être d'autre mérite, celui de l'exactitude et de la fidélité.

Paris, décembre 1864.

BRONISLAS ZALESKI.

LA VIE
DES STEPPES KIRGHIZES

Les steppes kirghizes occupent le plateau élevé de l'Asie centrale. A partir des bords de l'Oural, ils s'étendent vers l'Orient en enveloppant la mer d'Aral et la partie septentrionale de la mer Caspienne. Les tribus Turkomanes, la Boukharie, Khiva, le khanat de Khôkand et au Nord les possessions asiatiques de la Russie forment leurs limites. La partie qui relève du gouvernement général d'Orenbourg comprend à elle seule un territoire aussi grand que la France, l'Espagne et le Portugal ensemble. Le nom de steppe appliqué à toute cette région éveille par lui-même l'idée d'une vaste plaine. Les steppes kirghizes diffèrent essentiellement des steppes de la Russie méridionale et des steppes de l'Amérique : ils présentent avant tout l'aspect du désert. Plissés en légères collines comme les ondulations de la mer, aucunement boisés, silencieux, uniformes, situés presque aux confins de deux mondes, ils ont dès les siècles les plus reculés été foulés par les pieds des hordes qui débordaient de l'Asie sur l'Europe. Un jour, Gengis-Khan plaça dans leur voisinage immédiat, à Otrar, sa capitale provisoire ; une autre fois et du côté opposé, campa la Horde d'or qui avait subjugué la Russie. Tout a passé sans laisser de traces, car les Mongols ne savent que détruire, sans pouvoir rien fonder. Et cette contrée immense, habitée par des peuplades errantes, paisibles et sans initiative, paraît n'être aujourd'hui encore qu'un chemin, qu'une étape d'une route plus longue pour des fils d'une autre terre et d'un autre ciel.

Malgré toute sa tristesse, le pays n'est pourtant point sans beauté; car Dieu en a déposé dans chaque coin de sa création ; il a une originalité dont est frappé l'homme de l'Occident qu'y jette le sort. Rien n'y rappelle la vie européenne.

Dans ces steppes arides où il n'y a nulle route tracée et où tous les lieux se ressemblent, où les puits sont rares, et où, si l'on se trompe de direction, on peut errer des journées entières sans trouver une goutte d'eau, il est de toute impossibilité de s'avancer sans guide. Les Kirghizes connaissent parfaitement leurs steppes ; ils s'orientent la nuit en observant les étoiles. L'étranger est donc obligé d'avoir pour guide un indigène, et il a tout d'abord en lui un échantillon des mœurs du pays. Le rôle du guide est de trouver de l'eau potable, des pâturages pour les chevaux et les chameaux, de choisir le chemin le plus court, et aussi de procurer des vivres, qui consistent presque toujours en mouton. Il devance la caravane de quelques dizaines de pas et lui indique sa route. Bien souvent on ne l'aperçoit au loin que comme un point dans l'espace; car s'il a découvert un endroit pour se reposer, il est allé plus vite, est descendu de cheval et s'est étendu sur l'herbe. A l'arrivée de la caravane, il reprend sa marche. D'ordinaire il y a deux guides, dont l'un reste auprès de la caravane, tandis que l'autre parcourt le steppe en tous sens pour découvrir, soit un puits, soit une prairie. Alors ils se font de loin des gestes pareils aux signaux des anciens télégraphes. Tantôt le premier guide lance son cheval au galop, lui faisant décrire, du levant au couchant, des cercles de plus en plus resserrés, puis de nouveau il tourne du couchant au levant, et tout à coup, s'arrêtant comme pétrifié, il se dessine à l'horizon comme un poteau indicateur. Ou bien il pousse plus loin, en tournoyant encore, et, accourant sur un monticule, il s'assied tranquillement à côté de son cheval. Ce sont autant de syllabes de l'abécédaire du steppe. Chaque Kirghize les comprend, et le guide resté auprès de la caravane lui donne la direction voulue.

C'est conduits de cette manière que les voyageurs font peu à peu connaissance avec la nature. Là, ainsi qu'ailleurs, elle a ses habits ordinaires et ses habits de fête, ses jours de joie et ses jours de larmes. La meilleure époque est celle du printemps; le steppe alors, dans bien des endroits, se revêt d'une herbe courte mais épaisse, parsemée de tulipes jaunes qui scintillent comme des étoiles. Les troupeaux rencontrent partout de la pâture en abondance et servent à leur tour de nourriture à l'homme. Une masse d'oiseaux couvrent les lacs et les ruisseaux; tout respire une vie nouvelle. En été, au contraire, l'ardeur du soleil brûle les herbes, et le sable en est chaud à ce point qu'en y mettant des œufs, ils cuisent comme au feu. Beaucoup de lacs et de ruisseaux sont desséchés. Toute créature a soif d'une goutte d'eau. L'automne est doux, calme et serein; parfois il orne d'une nouvelle verdure un bout de prairie et les bords des ruisseaux, comme si la nature voulait gratifier l'homme et les animaux de quelques belles journées encore, de quelque dernière parure, en compensation du rude hiver qui s'approche. Les gelées sont fortes et les neiges sont grandes; les vents, que rien n'arrête sur cette immense étendue, forment d'horribles chasse-neige. On dirait que la vie de tout être est en suspens, à la merci d'un simple degré de gelée. Le steppe a néanmoins des moments de féerie qui feraient l'admiration des peintres et des poëtes. Au temps des grandes chaleurs, il se produit des mirages en mille endroits. Soudain, le steppe entier se transfigure. A l'horizon, s'élèvent des montagnes, se dressent des édifices, des lacs brillent et, sur leurs eaux, semblent flotter des forêts et des îles magiques. Ces apparitions, aux couleurs étranges, resplendissent de lumière, attirent et fuient tour à tour, se tranforment plusieurs fois, se dissipent et s'évaporent dans l'air, et disparaissent avec la lumière d'où elles émanent. Il faut connaître ces phénomènes pour ne pas succomber à leurs séductions, surtout à celles du lac lorsque les chaleurs sont accablantes. Quand on passe pour la première fois dans le steppe, on ne manque pas de s'élancer vers ces rivages enchanteurs dans l'espoir de s'y rafraîchir, et l'on n'en revient que plus altéré. Comme il n'y a presque pas de pluies en été, la monotonie du paysage est à peine interrompue par quelques rares nuages que colorent les rayons du soleil; dans ce cas, l'horizon s'anime et s'éclaire, il varie à l'infini, jusqu'à ce qu'il retourne à son uniformité habituelle. Les couchers de soleil sont souvent fort beaux, surtout au delà de la mer Caspienne; ils y étalent parfois des teintes d'une richesse indescriptible et que nul pinceau ne saurait jamais reproduire : mais cela dure à peine un instant.

Ce qui enivre durablement et produit même dans l'origine un véritable enchantement, c'est l'air si pur et tout embaumé par les plantes du steppe. Ce vaste horizon, cette étendue incommensurable, inspirent à l'homme un singulier sentiment de liberté. Chacun l'a éprouvé, mais, à la longue, chacun a fini par se sentir fatigué de la monotonie et, pour ainsi dire, du vide du désert.

Le steppe, d'ordinaire si calme, a aussi ses moments terribles. Quand l'ouragan que les indigènes nomment *bourane* vient à s'élever, on voit, malgré la sérénité du ciel, le steppe s'obscurcir; en un clin d'œil, d'épais tourbillons de sable dérobent la lumière du jour; la respiration de l'homme est coupée, il perd presque connaissance. On ne saurait lutter contre cette force irrésistible qui balaye la surface de l'Asie centrale sans que nul obstacle n'en paralyse l'essor; elle renverse les tentes kirghizes et enlève des troupeaux entiers qu'elle noie ou enterre dans le sable. C'est un épouvantable fléau pour les lieux qui en sont visités. Les chameaux, pressentant l'approche du bourane, se couchent, allongent leurs cous du côté opposé au vent et crient d'une façon lugubre. Les chevaux effrayés se serrent les uns contre les autres en baissant la tête, et le voyageur s'arrête et se jette à terre. L'ouragan pousse des masses de sable devant lui, et souvent il semble que des poteaux blancs, ou plutôt des colonnes sablonneuses tournent sur elles-mêmes et montent vers le ciel. Ces ouragans de sable sont dangereux, mais les bourrasques de neige sont encore bien plus redoutables. Le bourane d'été passe vite, tandis que les ouragans d'hiver durent quelquefois plusieurs jours. Le voyageur qu'ils surprennent en chemin se blottit sous la neige et attend ainsi le retour du beau temps, car il est de toute impossibilité de lutter contre ces chasse-neige. Le fait suivant peut donner une idée de la violence des bouranes d'hiver.

Le commandant d'un des petits forts russes construits au milieu du steppe, voulant par un signal préserver de la bourrasque des hommes qu'il avait envoyés couper des roseaux, fit tirer le canon. On apprit ensuite que ces gens, bien qu'ils ne fussent qu'à une cinquantaine de pas du fort, n'avaient rien entendu, et que, ne pouvant se rendre compte de la direction qu'ils avaient à prendre, ils s'étaient couchés dans la neige. En effet, ils ne revinrent au fort que le lendemain, quand le vent eut cessé.

Si leur caractère général est le même, les différentes parties du steppe offrent chacune des traits particuliers qui les distinguent et qu'en dépit de son uniformité inouïe on doit rencontrer sur cet espace immense. C'est ainsi que le steppe qui s'étend de l'Oural à la mer d'Aral, très-plat, monotone, exposé l'hiver aux gelées les plus rudes, est aussi plus riche en pâturages. L'espace qui sépare la mer d'Aral de la mer Caspienne est un désert presque entièrement dépourvu de plantes et d'eau. Les plaines qui s'étendent davantage vers l'intérieur de l'Asie, sur les bords du Syr-Daria, sont çà et là couvertes de beaux arbustes et égayés par le cours de ce fleuve qui se déroule comme un magnifique ruban. Le *Manghichlak*, situé sur le bord oriental de la mer Caspienne et produit par l'exhaussement des couches calcaires, présente de belles montagnes de craie, aux formes fantastiques; la végétation y est pauvre, mais le ciel serein.

Ce qui est propre au steppe entier et en constitue la communauté d'aspect, ce sont les masses brillantes de sable et le scintillement des terrains imprégnés de sel qu'on nomme *Solontchak*. D'énormes quantités de sable sont répandues dans ces solitudes; le territoire le plus considérable s'appelle le *Kara-Koum* ou sables noirs, et occupe 300 kilomètres environ; d'autres portions du sol, connues sous les noms d'*Ak-Koum* ou sables blancs, de *Kok-Koum*, de *Barsouki*, de *Koum-Djarghan*, etc., sont moindres et ont, soit une cinquantaine, soit seulement une quinzaine de kilomètres d'étendue. Le vent balaye dans tous les sens ces bancs de sable, composés principalement de quartz fin et friable; à chaque instant, il les bouleverse jusque dans leurs profondeurs, tantôt il élève ou détruit des mamelons, tantôt il creuse des fossés qu'il comble presque aussitôt. Quand on s'engage au milieu de ces plaines arides, le sentiment du désert vous saisit, tout ce qu'on a lu ou entendu raconter du Sahara revient à la pensée. Aussi loin que la vue peut s'étendre, on n'aperçoit autour de soi que des monticules se succédant uniformément de distance en distance; à chaque pas le pied s'enfonce dans ce sol mouvant. Sur toute sa surface, qui paraît comme ondulée par le souffle du vent, le balancement de la moindre petite plante dessine des cercles et de bizarres figures, et le vent détache du sommet de ces collines sans consistance des tourbillons de sable de la même manière qu'il balaye les monceaux de neige pendant l'hiver. On sent instinctivement que si l'ouragan venait à s'élever, on serait englouti. L'aspect général varie tellement que parfois, à son réveil, le voyageur retrouve du côté gauche de sa tente des bancs de sable qu'il avait vus le soir à sa droite. Ces sables, soumis au moindre caprice des vents, ne sont point totalement dépourvus de plantes; ils en ont même qui leur sont particulières; la plante que les indigènes nomment *Koum-Archek* donne des grains dont ils font du gruau. Ces plantes des sables forment un effet bizarre; en lutte continuelle avec le vent, issues d'une terre mobile, elles se cramponnent pour ainsi dire à cette terre qui leur échappe. Leurs racines sont aussi démesurément longues et fortes. Ce qui n'était qu'une tige flexible dans le steppe même devient ici presque un tronc. Il y a pourtant quelques petites plantes qui ne tiennent qu'à une faible racine; elles sont à moitié sous le sable. Le vent les ensevelit et les découvre tour à tour, et, tout en déracinant les plantes vieilles, il en fait germer de nouvelles, car il est là l'unique agriculteur et laboureur. La nature a disposé les graines de ces plantes de façon que le vent puisse les emporter facilement; il les enlève donc, les disperse et les sème, puis il les recouvre d'une seconde couche de sable. C'est pourquoi, malgré la destruction incessante de ces pauvres plantes, les bancs de sable s'en revêtent de plus en plus, à ce qu'affirment les indigènes, si bien que, au bout d'un certain temps, leur nature peut s'en trouver modifiée. A l'extrémité de ces sables, le plus souvent on trouve des sources; la végétation y est plus riche, et il semble que cette contrée sombre et changeante soit bordée d'un large ruban de verdure.

Si l'on rencontre beaucoup de sables, les solontchaks sont infiniment plus nombreux; tout le steppe abonde en sel, mais on n'appelle *solontchaks* que les endroits tellement imprégnés de sel qu'ils en reluisent au soleil. Il y a deux espèces de solontchaks : les uns sont aussi durs que l'ardoise; les caravanes les franchissent en toute sécurité, sans laisser presque aucune trace; d'autres ont une surface qui semble également unie à l'œil, mais qui, comme une fondrière, ne présente aucune résistance, et sur laquelle on ne peut pas même passer à cheval. Ils sont tous dénués de végétation et ne servent à rien; ils reluisent parfois au soleil ainsi qu'une glace et contribuent à donner au pays le caractère aride du désert.

Les steppes ont leur flore et leur règne animal; la première consiste en plantes aromatiques, parmi lesquelles on compte une quinzaine d'espèces d'absinthes et quelques espèces d'aurones (*Abrotanum*), des amandiers, de l'ail et des oignons sauvages; ils abondent généralement en plantes farineuses et en plantes qui servent à faire engraisser très-vite les chevaux et les bestiaux : elles ont toutes leurs noms spéciaux chez les Kirghizes, et les vieillards connaissent parfaitement leur botanique indigène.

Chaque partie du steppe a ses plantes à elle; le Manghichlak en possède le moins, et on en voit le plus dans les sables déjà mentionnés, depuis les montagnes de Moughodjar et sur les bords du Syr-Daria. Les îles de ce fleuve et de la mer d'Aral sont principalement couvertes de *saksaoul*, espèce d'arbustes résineux aux formes tortueuses et aux troncs rabougris; ces arbustes ont souvent huit ou dix pouces de diamètre; ils sont si durs qu'on ne peut les tailler qu'avec peine, et si cassants qu'on les emploie uniquement comme combustible, car ils donnent un bon charbon. On rencontre partout dans le steppe une plante appelée *kouk-pek*, qui a un petit feuillage rond et une fleur jaune microscopique, et de grandes racines qu'ils utilisent pour leur chauffage. Dans les ravins, au delà de la mer Caspienne, croissent quelquefois des mûriers, et aux bords du Syr-Daria un arbre appelé *djighda*, à l'écorce unie et brillante, aux fortes épines et aux belles feuilles argentées d'un côté seulement.

Le règne animal est représenté principalement par des chevaux sauvages appelés *koulanes*, par une espèce d'antilopes sauvages aux gros yeux noirs. Ces antilopes sont très-agiles et très-douces; les Kirghizes les nomment *saïghaks*. Le voyageur en rencontre souvent des troupeaux entiers. Une petite espèce d'animaux semblables aux kangourous sautillent dans les steppes; quelquefois aussi un renard, pareil au nôtre, ou un loup amaigri s'y glisse furtivement, cherchant du butin. Auprès de la moindre source s'abat toujours une nuée d'oiseaux; des alouettes noires deux fois plus grosses que les nôtres font résonner de leurs mélodies suaves le désert muet. Les bords de la mer d'Aral et les roseaux du Syr-Daria recèlent des tigres de la plus belle espèce (tigre royal) et un grand nombre de faisans. Les serpents, et surtout les lézards, sont fort nombreux dans les steppes; en outre il y a quantité de scorpions jaunes et noirs, de phalanges, leurs ennemies acharnées, enfin de grandes tarentules noires qui creusent des trous dans les steppes et y étendent leurs toiles.

Mais le vrai roi du désert, c'est le chameau, qui rend de grands services aux Kirghizes; il est entouré de soins, et quiconque a visité le steppe n'oubliera jamais l'impression profonde que produit dans l'âme humaine son cri prolongé et plaintif. Ce cri, quand on l'entend au milieu des rues et des jardins de nos villes, est perçant et désagréable, mais au milieu de cette étendue sans bornes, quand il retentit dans le lointain, pendant une chaude et calme nuit des steppes, il est imposant et sonore, et rappelle le son des orgues d'église. C'est en effet l'orgue du steppe, dont la puissance correspond à l'infini du désert et qui réveille dans l'âme de solennelles pensées. Les Kirghizes élèvent plus de chameaux qu'ils n'en faut pour leur propre usage, car ils les louent aux caravanes; aussi, dans chaque aoul, à chaque halte de nuit, on peut entendre de ces sons plaintifs que le vent vous apporte; c'est la vraie musique du steppe, harmonie qui lui convient exclusivement.

Tout cet espace immense depuis l'Oural jusqu'au fort Perowski, à cinq cents kilomètres au delà de la mer d'Aral d'un côté, et de l'autre aux confins orientaux du Manghichlak, est habité par des peuplades errantes kirghizes qui se nomment les *Kaïsaks* (kaïsak ou kasak signifie chez eux homme libre). Issues de la fusion de différentes tribus de l'Asie centrale, parlant la langue tartare, ces peuplades ne sont pas de purs Mongols, mais possèdent cependant les traits caractéristiques de cette race et appartiennent indubitablement à cette famille. Le Kirghize est généralement bien bâti et très-fort; il a souvent un nez aquilin, l'angle facial assez droit, les pommettes très-saillantes, les yeux un peu obliques et déjà ressemblant à ceux des Chinois; la barbe et la moustache sont peu épaisses; souvent on aperçoit des types purement mongols. Si le monde antique plaçait le Tartare dans ces contrées inconnues et croyait reconnaître dans ces hommes sauvages la figure du Centaure, demi-homme et demi-cheval, il faut convenir que le Kirghize répond aujourd'hui encore à l'idée du Centaure. Il faut le voir à cheval; agile et adroit, il semble ne faire qu'un avec la selle, et accomplit ainsi, sans la moindre fatigue, les plus longs voyages. En revanche, il déteste les courses à pied, et évite même, quand il le peut, de faire une centaine de pas; il se fatigue vite. Le Kirghize ne se sent dans son élément que quand il est à cheval; sa langue, peu développée en général, abonde en expressions qui ont trait aux chevaux, pour lesquels il a par chaque année d'âge un nom particulier. Il ne lui a pas voué de culte comme l'Arabe, il n'a pas su élever et ennoblir sa nature, mais il s'en sert et ne saurait presque vivre sans son coursier, qui remplit une partie de son existence. Les Kirghizes ont perdu l'ancien esprit belliqueux de Gengis-Khan; au fond ils sont plutôt poltrons; les expéditions dans les steppes en ont fourni des preuves : bien des fois, des bandes considérables ayant aperçu les plaques d'acier des fourgons de l'armée russe briller au soleil, et les prenant pour des *zimberak* (c'est ainsi qu'ils appellent les canons), il y eut un sauve-qui-peut général. Employés comme auxiliaires dans l'expédition contre le fort khokanien d'Akmetchet, par exemple, ils se creusaient des cavernes et y restaient cachés pendant la durée du siége; mais, une fois le fort pris et l'ennemi vaincu, les Kirghizes étaient les premiers à piller et mettre tout à sac. L'avidité leur a été propre de tout temps. Comme tous les poltrons, en général, ils sont très-cruels envers les gens faibles et sans défense. On ne peut cependant nier qu'à côté d'une vive intelligence et d'un esprit très-subtil ils n'aient une certaine bonhomie et une

grande simplicité qui provient du genre de vie qu'ils mènent. Habile et rusé comme tout
Mongol, le Kirghize est souvent d'une naïveté enfantine et d'une incroyable insou-
ciance. Plein de curiosité et de paresse, il pousse l'attachement à son steppe au point
de ne pouvoir presque pas supporter la vie ailleurs, surtout entre des murs; mais
pas plus que les autres peuples d'Orient, il n'a l'idée de patrie, et obéit facilement et
aveuglément à l'autorité. Les idées religieuses sont chez eux fort peu développées. Le voisinage de la Boukharie et de Khiva, ainsi que celui des Tartares d'Orenbourg, a contribué à
répandre quelque peu certaines idées et certains usages du Coran. Leur genre de vie rempli
de coutumes orientales les a fait classer parmi les disciples de Mahomet. En réalité ils ne
le sont point au fond, et il serait difficile de définir à quel culte ils appartiennent, à
moins que l'on ne veuille admettre comme profession de foi des notions générales de la
Divinité. Ce qui est certain, c'est qu'ils ne font ni les ablutions ni les prières prescrites
par l'islamisme; qu'ils n'ont ni mosquées ni mollahs, et ne connaissent aucunement les
pèlerinages au tombeau du Prophète. Jamais les Kirghizes ne montrèrent au monde le
fanatisme religieux des vrais mahométans; comme toute la race mongole, ils n'ont
connu d'autre fanatisme que celui de la guerre et de l'extermination.

Les Kirghizes sont aujourd'hui un peuple exclusivement pasteur. Le gouvernement russe
a voulu les habituer à l'agriculture et il en a fait l'essai aux bords de l'Oural et
de l'Ilek. Les Kirghizes y avaient déjà de petites masures et on pouvait y rencontrer
tantôt un chameau portant des gerbes d'orge ou de froment, tantôt un chariot chargé
des mêmes produits, tantôt des femmes kirghizes leurs faucilles à la main. L'agriculture pourrait réussir dans ces localités, car la terre y est très-fertile; mais ce ne
sont que de rares exceptions, car en général le sol se prête difficilement à la culture,
et cette occupation répugne tellement à la nature des bergers du steppe que, malgré
tous les efforts, l'agriculture n'y prendrait jamais le développement voulu. On pourrait dire que les steppes ne sont destinés qu'à l'élevage d'un grand nombre de chevaux, moutons et autres bestiaux. On compare les steppes à la mer, et non sans
raison : c'est la même immensité de l'espace que limite seulement l'horizon; les ouragans du steppe ressemblent aux orages sur mer; les mirages y sont pareils à une
fata morgana, et enfin l'air y est sillonné de bandes d'oiseaux blancs semblables aux
oiseaux de mer. Si le steppe rappelle la mer, les Kirghizes ont des analogies avec les
marins. Comme eux, hâlés par les vents et les rayons du soleil, ils parlent en élevant la voix et crient même très-fort, ainsi que des gens qui ont à se parler pendant les orages et les ouragans. En accomplissant leurs voyages sur le dos des chameaux, vraies barques des steppes, ils éprouvent un certain balancement équivalent au
roulis; ils se dirigent d'après les étoiles, et, grâce à leur vue très-perçante, ils distinguent aisément les objets les plus éloignés, comme s'ils se servaient de lunettes d'approche. Si l'on veut chercher d'autres points de comparaison, on peut en trouver de
nouveaux dans la rencontre de deux voyageurs, qui dans le steppe est une vraie fête,
une satisfaction pareille à celle que ressentent deux navires quand ils se croisent sur
l'Océan; ils se sont aperçus de loin, et, tout en se rapprochant l'un de l'autre, ils
commencent par s'interroger à l'aide de signaux, afin de savoir s'ils ont devant eux
un ami ou un étranger, puis ils s'avancent toujours; ceux-ci replient leurs voiles pour
un moment; ceux-là, sans descendre de cheval, de même que deux équipages s'in-
forment des ports qu'on a quittés, se demandent de quel *aoul* ils viennent, où ils
vont, quelle route a été suivie, s'il n'y a pas à craindre de voleurs ou de corsaires;
puis chacun continue son chemin. Et l'ouragan, surtout en hiver, ne se déchaîne-t-il
pas dans le steppe avec la même violence que la tempête sur les flots? Plus d'un y
succombe. Mais comparaison n'est pas identité; le steppe n'a ni la vie puissante de la
mer, ni sa variété infinie; il reste toujours un désert.

Les Kirghizes se divisaient autrefois en trois hordes : la grande, la moyenne et la
petite horde. La grande horde, ou Horde d'or d'autrefois, nommée aujourd'hui de
Boukhieyef, est la plus riche de toutes et habite le pays situé entre le Volga et l'Oural;
la horde moyenne occupe les steppes qui font partie de la Sibérie méridionale. La
partie du steppe dont nous donnons quelques paysages appartient à la petite horde.
Divisée, comme toutes les autres, en tribus et familles, elle est dans la dépendance du
gouverneur général d'Orenbourg, qui confirme les sultans et leur adjoint des employés
de son choix.

UNE KIBITKA OU TENTE KIRGHIZE

KIBITKA OU TENTE KIRGHIZE.

Comme les peuples pasteurs, les Kirghizes nomades devaient nécessairement inventer des demeures qui, tout en les préservant du froid et des chaleurs excessives, fussent commodément transportables d'une place à l'autre. Ce qu'on nomme une *kibitka* remplit parfaitement ces conditions : elle se compose de perches circulairement plantées et recouvertes de pièces d'un feutre grossier en poils de chameau. Ces perches, disposées à la base en grillage au moyen de petites courroies, et au sommet reliées par un cercle en bois, ont presque la forme d'une coupole, et c'est le caractère qu'affectent toutes les kibitka des Kirghizes un peu aisés. Les habitants du plat pays des steppes ont sans doute trouvé dans la voûte des cieux le premier modèle de cette architecture, qui d'ailleurs répond le mieux aux besoins locaux, car, étant arrondie, elle résiste davantage au vent, et sèche plus vite après la pluie. L'ouverture d'en haut sert tantôt de cheminée par laquelle s'échappe la fumée de l'âtre, tantôt de fenêtre éclairant l'intérieur, dans les chaleurs de la belle saison, alors qu'on prépare les mets en plein air. Quand les rayons du soleil deviennent brûlants, on bouche cette ouverture et on relève le bas du feutre, de manière à obtenir l'ombre et la fraîcheur dont on a besoin. Une pareille kibitka se démonte en un clin d'œil, et, en cas de changement de lieux, les perches et les feutres sont enroulés séparément et chargés sur le dos des chameaux. La dimension d'une kibitka varie selon les ressources de son propriétaire, elle atteint parfois jusqu'à vingt pas de diamètre, mais seulement chez les Kirghizes très-riches; ces derniers savent même lui donner une plus belle apparence; le feutre en est blanc, les bandes qui enveloppent la kibitka sont élégamment brodées dans le goût oriental, des tapis sont étalés, des armes et différentes sortes d'ustensiles suspendus. Voilà quelle est l'habitation des sultans ou *Bey*, espèce de noblesse de l'Orient que les Kirghizes appellent l'*os blanc*, pour la distinguer du commun. Au reste, quelques-uns occupent plusieurs de ces kibitka, en en réservant une à chacune de leurs femmes. Pour la masse des Kirghizes, une kibitka destinée au logement de toute une famille est d'un jaune gris, de la couleur ordinaire du poil de chameau, souvent noircie de fumée, sans ornements ni broderies, mais semblable, quant à la forme, aux habitations des riches. Il faut plusieurs chameaux pour transporter une grande kibitka de sultan, car les perches qui sont plus longues et les tissus plus grands augmentent sensiblement le poids; un chameau suffit néanmoins pour le transport d'une tente ordinaire de Kirghizes. Les pauvres qui ne sont pas en état de se faire une kibitka s'arrangent ce qu'on appelle une *djoulameyka*, qui est bien moindre, composée à peine de quelques perches liées au sommet ou maintenués dans un petit cercle de bois, et recouverte circulairement d'une seule pièce de feutre. Les plus pauvres passent, en été, la nuit dans le steppe, à la belle étoile, et, l'hiver, cherchent un abri dans les kibitka des riches; ils sont appelés *baygouches* par les autres, et considérés sinon avec mépris, au moins avec dédain.

Dans le steppe, on rencontre parfois de pareilles kibitka isolées, mais le plus souvent on en trouve plusieurs ensemble, ce qui constitue un *aoul* ou petit village des steppes. Un aoul peut donner l'idée du genre de vie des Kirghizes, tellement leur existence est simple et uniforme. Au printemps et dans l'été, quand le ciel est serein, la vie se passe en dehors de la kibitka, qui ne sert alors que d'abri pour la nuit et de dépôt pour les ustensiles de ménage; au contraire, tout s'y concentre l'hiver.

Le jour, l'aoul n'est guère animé; les hommes qui aiment les exercices à cheval l'ont quitté pour la plupart, et ceux qui restent passent leur temps couchés au soleil ou assis à l'orientale, dans des bavardages sans fin. Les femmes surveillent la cuisine; seuls les enfants vont et viennent, complétement nus le plus souvent, le ventre gonflé par le lait, qui est la base de leur nourriture, le visage hâlé, la tête rasée, à moins qu'on n'ait laissé au sommet, comme ornement, une mince et longue tresse de cheveux noirs, ce qui distingue ordinairement le Benjamin de la famille. Les troupeaux à ces heures sont loin, le Kirghize garde seulement un ou deux chevaux, qu'il doit toujours avoir sous la main. A une petite distance reposent quelques chameaux, et près des kibitka il n'y a que les chiens, ces muets compagnons aimés des bergers, et qu'on est sûr de trouver près de chaque kibitka même isolée. Mais vers le soir, au coucher du soleil, la scène change : on ramène de tous les côtés les troupeaux, un nombre énorme de moutons, de chevaux du steppe, un peu de bétail, qui est toujours le moins nombreux, et enfin les chameaux. Cette masse, aux teintes si différentes, afflue ensemble. Les pâtres crient, les femmes et les filles courent traire les juments et les brebis; le hennissement des chevaux, le bêlement des moutons, le cri grave mais perçant des chameaux, se confondent avec le bruit des hommes, et fréquemment l'éclat des rayons du soleil couchant ajoute à l'étrangeté de ce tableau. Dès qu'on a trait les juments et les brebis, examiné et compté le bétail, tout retombe de nouveau dans le silence, on chasse les troupeaux vers les pâturages de nuit, et la famille se rassemble pour le souper commun.

L'aoul se déploie en général à proximité de l'eau et des pâturages, et tant qu'ils suffisent rien ne bouge de place; mais, dès que l'herbe fait défaut, on songe aussitôt à décamper. L'Ancien de l'aoul, nommé *aksakal*, c'est-à-dire barbe blanche, monte à cheval et va à la découverte d'un lieu favorable. Ces recherches durent plusieurs jours, et au retour du vieillard commencent parmi les hommes de bruyantes délibérations; cependant, comme tous, et les vieillards principalement, connaissent très-bien les steppes, le choix est assez vite fait. Alors l'*aksakal* donne le signal de se mettre en route, et tout le village s'ébranle sur un signe.

C'est un spectacle attachant : les Kirghizes qui se déplacent revêtent leurs habits de fête, leurs *Khalat* aux couleurs les plus voyantes, bordés, chez les riches, de galons d'or, et se parent comme pour une importante solennité. L'Ancien de l'aoul s'avance en tête, ses femmes le suivent à cheval sur des selles recouvertes de drap rouge ou de tapis; le reste suit comme il peut, qui à cheval, qui sur un chameau; parfois, d'un panier accroché au côté d'une bête de somme, sortent les têtes rasées d'enfants kirghizes. Les coffres qui renferment le mobilier et les ustensiles de ménage trouvent aussi place sur le dos des chameaux ou des chevaux; les moutons du steppe, vigoureux et à longues jambes, portent les fardeaux les plus légers. Les pauvres ou *baygouches* vont à pied en chassant les troupeaux devant eux, et les chiens ferment la marche. Tous sont gais et ont un air de fête. Arrivés à destination, le guide s'arrête et indique l'emplacement de chaque kibitka. Les chameaux se couchent, et en un clin d'œil ils sont déchargés. Les tentes se déploient, et au bout de quelques heures il ne reste plus trace du voyage. La vie va son train habituel, et le steppe seulement, non foulé encore, témoigne que les habitants provisoires de cet endroit n'y sont que depuis peu : de même, à la place qu'ils ont quittée, il ne reste de vestiges de leur passage que le temps qu'il faut à l'herbe pour repousser et au vent pour effacer l'empreinte du sabot des chevaux.

Cette existence, qui se réduit à la satisfaction des besoins les plus simples, est joyeuse tant que dure la belle saison et qu'il fait chaud. Le printemps surtout est une période de gaieté et d'abondance. Les steppes alors se couvrent presque instantanément de verdure; les troupeaux amaigris pendant l'hiver regagnent bien vite leur ancienne vigueur; les juments et les brebis donnent du lait en quantité; aussi le Khirghize jouit de la chaleur, s'étend au soleil, visite les aouls voisins, en quête de nouvelles dont il est toujours avide, et partout mange et boit à satiété. Mais, lorsque l'hiver arrive, sa position devient pénible, souvent même réellement affreuse, et il faut être aussi endurci que lui pour pouvoir la supporter. Les plus riches recouvrent alors leur kibitka d'un double feutre, mais le plus grand nombre est obligé de passer les grands froids de l'hiver dans la même tente que pendant l'été; et les gelées, surtout dans les steppes et particulièrement dans ceux qui s'étendent de l'Oural à la mer d'Aral, atteignent parfois trente et quelques degrés Réaumur. Ils cherchent alors des endroits abrités, des ravins, des collines, qui les préservent des vents au moins d'un côté, entassent de la neige autour de la kibitka, et se serrent les uns contre les autres pour se réchauffer plus facilement. Au milieu, un feu entretenu par du fumier ne cesse dans le jour de brûler faiblement, et la nuit les petits enfants se couchent dans les cendres encore chaudes. Le lait diminue, ils souffrent souvent de la faim et presque toujours du froid.

La boisson favorite du Khirghize, son nectar, c'est le *koumys*, préparé avec du lait de jument. Dans chaque kibitka se trouve une grande outre appelée *saba*, en peau de cheval, et qui est placée sur un petit tabouret en bois à l'entrée de la tente : un bâton qui y est plongé, et qui, chez les riches, est orné d'incrustations variées, sert à remuer la boisson. On verse dans cette outre le lait fraîchement trait des juments : mêlé continuellement, il fermente et, au bout de quelques jours, donne une boisson qui, pour le goût, ressemble au petit-lait, mais qui est si forte, qu'enfermée dans des bouteilles elle mousse comme du champagne, fait sauter les bouchons, et que bue en assez grande quantité elle met en gaîté et enivre. Cette boisson contient tant d'éléments nutritifs, que l'usage en est prescrit aux poitrinaires; les malades qui vont se soumettre à cette cure au milieu des Kirghizes et en suivant le même régime qu'eux, c'est-à-dire en respirant l'air des steppes, en mangeant de la viande sans pain et en se donnant beaucoup d'exercice, reprennent bientôt de l'embonpoint et regagnent leurs forces. Il y a une autre boisson, appelée *ayran*, composée d'un mélange de lait de brebis, de vache et même de chamelle, qu'on fait aussi fermenter, mais qui est beaucoup moins estimée que le koumys, ne s'emploie que si ce dernier manque, et n'est généralement que la boisson des pauvres. Ce que les Kirghizes boivent de koumys paraîtrait incroyable à ceux qui n'y sont point habitués. Une fois pré-paré, le koumys dure tout le printemps, car le lait fraîchement versé dans la *saba* qui contient le koumys y fermente de lui-même et en gagne toutes les qualités.

La cuisine des Kirghizes n'est point du tout recherchée; comme nous l'avons dit, le laitage est la principale nourriture de ce peuple pasteur, et cela au point qu'au printemps et en été ils vivent pour ainsi dire dans une atmosphère de lait; leur kibitka, leurs vêtements, et il semblerait même jusqu'à leur personne, tout est imprégné d'une odeur de petit-lait. Ils ne connaissent point le pain. Le maïs et le millet, cultivés dans quelques endroits du Man-ghichlak et sur les bords du Syr-Daria, servent parfois à préparer une sorte de galette sans levain, analogue aux matzoths des Juifs. Le plus souvent, ils emploient les diverses farines qu'ils peuvent se procurer à préparer la sauce des viandes; chez eux, de tous les plats de viande, le mouton est le plus commun et le cheval le plus estimé. Un Kirghize connaît excellemment l'anatomie du mouton, il en enlève la peau avec une grande dexté-rité et le dépèce habilement. Presque chaque partie du mouton s'apprête d'une manière différente; l'une est rôtie, une autre bouillie ou bien grillée sur des charbons; mais le plat le plus commun est le *bichbarmak* (c'est-à-dire, littéralement, les cinq doigts), appelé ainsi de ce qu'on le mange à la main, sans cuiller ni fourchette, et qui consiste en mouton coupé par petits morceaux et arrosé d'un peu de farine délayée dans de l'eau : ils retirent du chaudron une poignée de ce met et la portent à leurs lèvres. Les saucisses en viande de cheval sont fort estimées; mais la friandise la plus grande, et que seulement les riches peuvent s'accorder, c'est le poulain. La viande des chameaux n'est mangée qu'à la dernière extré-mité et par de pauvres affamés.

Le Kirghize n'est point adroit comme le Tcherkesse, dont le vêtement léger et serré à la taille ne gêne en rien les mouvements; il porte au contraire plusieurs larges *khalats* les uns sur les autres; il ne possède pas davantage la tempérance de l'habitant du Caucase, étant glouton de nature et d'inclination. Il sait, il est vrai, supporter au besoin, patiemment même, un jeûne de plusieurs jours; mais, dès qu'il s'est procuré des vivres, il en absorbe au delà de tout ce que pourrait imaginer un Européen. En entreprenant un lointain voyage, il aime à manger par prévision, et il est alors capable de dévorer à lui seul en entier un mouton. C'est ce qui fait peut-être que chez eux l'embonpoint est considéré comme une beauté ou au moins comme une qualité dont ils sont fiers, ainsi qu'ils le sont en général de tout bien-être.

Leurs ustensiles de ménage se composent de la *saba* mentionnée plus haut, de seaux éga-lement de cuir, et appelés *toursouk*, d'un trépied et d'un chaudron en fer où se pré-parent tous leurs mets, de grandes jarres dans lesquelles ils boivent le koumys, de quelques cruches en métal aux formes non européennes, d'une sacoche contenant leur briquet, d'un couteau appelé *psiak*, inséparable compagnon de leurs aventures, et de coffres qui sont leurs armoires à habits. Ils trouvent qu'ils n'ont jamais assez de vêtements, en collectionnent autant qu'ils peuvent et en tirent vanité. Leurs khalats, qu'ils reçoivent habituellement de la Boukharie, tissus d'une soie commune mais solide, sont très-bi-garrés. Ils apprécient cependant beaucoup le drap, surtout les khalats ponceaux galonnés d'or. Le gouvernement russe leur en offre parfois en cadeau. Le Kirghize qui a reçu un khalat pareil ne néglige aucune occasion d'en faire parade : il est prêt à franchir quelques dizaines de kilomètres ou plus pour s'en montrer affublé, fût-ce devant un inconnu, mais qui occupe, selon son idée, une position élevée. Chez lui, dans l'aoul, il se met simple-ment en large pantalon et avec n'importe quelle veste. Durant les chaleurs, il erre au milieu du steppe, le plus souvent demi-nu, la tête couverte d'un énorme bonnet en peau de mouton. Ce bonnet, appelé *malakhaï*, est pour ainsi dire la toilette de rigueur du Kirghize. En été, il arrive qu'il est remplacé, chez le riche, par un haut chapeau de feutre blanc ou un léger capuchon de drap, mais c'est rare. Dans tout l'Orient on essaye de se tenir la tête chaudement, il en est de même dans les steppes kirghizes; le malakhaï est d'ailleurs, comme presque tout ce que possèdent les Kirghizes, fort pratique. Très-ample, doublé d'une peau de mouton bien souple, il lui sert aussi de coussin; pendant la pluie ou l'ouragan, il protége on ne peut mieux non-seulement la tête, mais encore le cou et les épaules. Ils portent tous, sous le malakhaï, une petite calotte sur leur tête rasée; ils la nomment *tibiteïka*; elle leur vient de la Boukharie, et chez les riches elle est bordée de fourrures.

Déjà les riches sultans ont parfois des ustensiles européens, tels qu'une bouilloire et tout le service à thé, mais ce sont de très-rares exceptions. Le plus grand luxe des kibitka consiste à les couvrir de tapis dont le prix varie beaucoup. Le pauvre Kirghize y déroule son feutre gris en poil de chameau, le riche a déjà ce même feutre en blanc avec des franges de couleur et un dessin quelconque : un grand propriétaire de haras étend des tapis de Boukharie ou de Khiva.

Le Kirghize est aussi amateur d'armes et se plaît à en faire étalage, quoiqu'il ne se distingue point par la bravoure. Lorsqu'il part pour une expédition, il prend toujours son énorme lance, appelée *naïza*, dont il pourrait atteindre de loin son ennemi, si, malgré sa longueur, elle n'était pas flexible; il a de plus au côté un sabre recourbé que l'on appelle *chachka*, un carquois avec des flèches, ce qui commence pourtant à sortir de leurs habitudes, et parfois des pistolets, mais presque toujours un *moultouk* : c'est un fusil très-lourd et très-long, encore à mèche, auquel s'adapte en général une sorte de piquet qui se transporte aisément avec le fusil et leur permet de mieux viser. Toutes ces armes, confectionnées dans l'Asie centrale et fort anciennes, sont plutôt pour la parade que pour un usage suivi. Cependant les lames des sabres et les couteaux en acier, forgés à froid avec la patience propre aux habitants de l'Orient, sont bien trempés et excellents. Aujourd'hui, la véritable arme dont le Kirghize se sert sans cesse, à la maison et dans ses expéditions de pillage, est la *nahayka*, appelée par eux *kamtcha*, tressée en lanières de cuir brut, qui a jusqu'à un pouce d'épaisseur, et qui, dans ces conditions, est positivement une arme; il en emploie habituellement une plus fine, qu'il sait faire sentir à sa femme, à ses subalternes et à ses chevaux; il l'a toujours à sa selle et souvent suspendue à son bras.

Aimant passionnément la course à cheval et ne faisant pour ainsi dire qu'un avec lui, le Kirghize a dû s'occuper de prédilection du harnachement, et la selle est pour lui un objet d'ostentation. Une grande plaque recouvre ordinairement le devant de la selle, qui, chez les riches, est incrustée de pierreries de différentes couleurs. Les brides sont enrichies de clinquants ainsi que le poitrail du cheval; les étriers, parfois en métal, sont aussi ornés à l'orientale, mais d'autres fois, surtout en hiver, ils sont de bois. Tout cela, le Kirghize l'étale dans sa kibitka les jours de fête, et particulièrement devant des étrangers. Des housses ponceaux, des couvertures de selle, des khalats sont alors exposés sur des coffres comme preuve d'opulence des propriétaires, et il ne faut pas s'en étonner, car l'opulence y donne droit au respect.

INTÉRIEUR D'UNE KIBITKA

INTÉRIEUR D'UNE KIBITKA KIRGHISE.

Le Kirghize est hospitalier, et de même qu'il saisit avec empressement l'occasion d'aller partout où il espère trouver à manger et à boire à satiété, il aime aussi à avoir du monde chez lui. Les troupeaux et les haras, qui sont toutes ses richesses, lui donnent au printemps surtout une masse de lait qu'il lui serait impossible de consommer avec sa famille. Ce sont donc chez les riches, pendant la saison d'abondance, des réunions continuelles. Le maître de la maison ou l'hôte qu'il honore le plus particulièrement vient alors occuper la place la plus élevée, qui est au fond de la kibitka, en face de l'entrée. Le reste de la société se dispose en cercle, en ne laissant de place vide que celle qui sert habituellement de foyer. Tous s'assoient à l'orientale, les pieds croisés. Chacun de ceux qui entrent est obligé d'abord de remuer le koumys dans la saba qui est posée près de la porte, puis de rendre au maître le *salam*, en lui présentant en même temps ses deux mains unies, après quoi il se place près des autres. Les femmes versent le koumys, et les jattes remplies font le tour de la société.

Lorsque le printemps est propice et que le koumys abonde, tout inconnu, pourvu qu'il soit Kirghize, peut venir à ces grandes réunions, toujours il y trouve une place, et pas une jatte de koumys ne circule sans lui être offerte. La conversation alors est bruyante, le tabac à priser passe de main en main, et le festin finit seulement quand il ne reste plus une goutte de la boisson favorite. Mais lorsqu'il survient un étranger que le maître veut fêter, soit un sultan ou biy, soit même un *Batyr*, c'est-à-dire un homme qui passe pour être courageux et qu'on respecte dans les steppes, alors la réunion n'est plus aussi bruyante. Le maître commence par conduire le nouveau venu à la place la plus élevée, et, après lui avoir témoigné le plaisir que lui cause son arrivée, il déclare qu'à cette occasion joyeuse il fait tuer un mouton. Pendant que les femmes le préparent, les propos ne tarissent pas.

Le Kirghize aime passionnément à parler. Ses questions ne s'arrêtent jamais, à moins qu'il ne soit lui-même sultan ou l'aîné d'une tribu. Dans ce cas, il croit devoir garder sa gravité et ne pas s'engager avec des inconnus dans de longs entretiens; il répond par monosyllabes, ou bien il débite à de grands intervalles des sentences, ou bien encore, s'il reçoit un étranger et que lui-même sache le russe, il ne le laissera jamais voir. Il s'adresse à l'interprète et se fait traduire chaque mot, et ce n'est qu'après un certain temps qu'il redevient simple mortel, plus tard même ami, *kounak* de l'étranger, et alors il est content de parler et de questionner sur toutes choses. Une visite parfois ne suffit pas pour briser la glace; du reste, cela dépend des personnes. Ils font un grand cas de l'éloquence et la regardent comme preuve d'une parfaite éducation et d'une haute naissance. Quand un si haut personnage finit par desserrer les dents, un torrent de métaphores orientales s'échappe de ses lèvres; il parle avec une grande volubilité, en élevant la voix et en gesticulant.

Je me trouvais un jour chez un Kirghize nommé Iset Koutiebarew. C'était à cette époque un personnage intéressant et très-populaire dans les steppes. Le plus riche de sa tribu, longtemps il ne voulut pas reconnaître le protectorat russe, et plusieurs détachements le cherchèrent en vain pendant plusieurs années dans les steppes. Il réussissait toujours à leur échapper et à disparaître dans l'espace. Ayant à la longue acquis la conviction que la lutte n'était plus possible, il se rallia avec toute sa tribu aux Kirghizes, sujets de la Russie, et rendit même plus d'un service au gouvernement russe. Appelé Batyr par les Kirghizes, il ne voulut accepter nul autre titre, prétendant que celui qu'il avait lui convenait le mieux; il resta chef de sa tribu, recevait les impôts, conciliait les discordes et remplissait l'office de juge.

Il nous reçut, moi et mon compagnon, avec toute la gravité orientale, entouré de ses frères et parents, et après nous avoir salués du salam malajkioum habituel, il nous conduisit dans la kibitka, et, nous ayant fait prendre place, il commença lui-même la conversation par des considérations générales sur la vie et sur les hommes.

Ainsi, par exemple, il dit que l'homme est comme un coffre fermé: en le regardant, on ignore ce qu'il contient. Peut-être des haillons, peut-être de riches vêtements. C'est ce qu'on ne sait pas avant de l'avoir ouvert. De même, on n'apprend à connaître ce que l'homme porte dans la tête et dans le cœur qu'en l'entendant parler, car la parole est comme la clef du coffre. Il répartissait aussi les amis en différentes catégories: ceux qui flattent pour qu'on les fête et les nourrisse, ceux qui sont à l'affût du bien d'autrui, ceux qui se réjouissent de prendre part à tout ce qui nous arrive d'heureux et qui nous délaissent dès que vient la misère et le malheur, et enfin ceux qui seront même prêts, au besoin, à donner leur tête pour nous. De ces derniers, ajouta-t-il, il ne s'en trouve presque pas sur la terre; mais un pareil *tamer* ou ami est le plus précieux trésor. Son long discours philosophique et cérémonieux, que les Kirghizes présents approuvaient en témoignant parfois leur admiration par des exclamations de: *Oy-boy-oy*, ne finit que lorsque les femmes apportèrent un chaudron avec du bichbarmak. Nous fûmes obligés d'en retirer la viande avec nos doigts, comme le faisait tout le monde. Le maître de la maison cherchait visiblement quelque chose dans le chaudron. Il en retira, à la fin, un morceau de graisse, que l'on ne coupe pas en aussi petits morceaux que la viande. Il l'approcha de sa bouche, en mordit une moitié et fourra l'autre dans la bouche de son hôte. C'est considéré, selon l'étiquette des Kirghizes, comme la plus haute attention, et quiconque veut passer pour un homme bien élevé doit rendre au maître la pareille. C'est ainsi que commencent les rapports plus intimes. Après le bichbarmak vint le koumys, puis le *pilaw*, c'est-à-dire encore une fois du mouton, mais préparé avec du riz et du raisin sec, puis de nouveau du koumys. La conversation devenait moins cérémonieuse et plus naturelle, et nos rapports meilleurs. Mais, l'amitié telle qu'on la comprend dans les steppes, ne peut se nouer qu'à l'aide de présents. Il est d'usage que le maître doit offrir à son hôte tout ce que celui-ci louange. Mais il sait bien aussi qu'à son tour il a le droit d'espérer ce qu'il trouvera de son goût. Sur cette base, nous arrivâmes bientôt à des relations très-cordiales et à de grandes protestations d'amitié. Le maître de la maison nous offrit des chevaux et même un chameau; mais quand nous voulûmes sérieusement lui acheter un cheval de son haras, nous vîmes qu'en notre qualité de nouveau *kounak*, nous devions être joliment trompés, et voilà à quoi aboutit toute cette amitié.

Le Kirghize questionne sur toutes choses. Dans les parties des steppes les plus éloignées, où l'on voit rarement des Européens, un vêtement différent de celui des Kirghizes, les simples boutons même, prêtent déjà matière à des interrogations sans fin, et si l'on veut être un hôte aimable, il faut manger beaucoup et parler le plus que l'on peut; mais ce serait une inconvenance que de demander à un père de famille le nombre de ses enfants ou à une jeune fille si elle est fiancée.

Outre les réunions habituelles à l'époque du koumys, tout événement de famille est un motif à festin qui rassemble plus ou moins de convives, selon les ressources du maître de la maison. Noces, funérailles, naissance d'un enfant, fiançailles, etc., sont autant d'occasions d'inviter du monde. Un festin pareil se nomme *toy*, et si c'est un homme très-riche qui le donne, alors on le fait savoir d'avance et les convives arrivent presque du steppe entier. Ces festins se terminent fréquemment par des courses, que les Kirghizes aiment passionnément et qu'ils organisent très-souvent.

Un personnage respecté dans les steppes ou qu'entoure du moins aux yeux de tous une certaine crainte, est le *Baksa* ou jongleur, espèce de charlatan, qu'on se plaît à appeler près des malades, qui joue aussi le rôle de devin et exerce différents métiers de ce genre. Son arrivée dans une kibitka attire toujours une foule de monde; une danse convulsive et qui finit par le mettre en un état presque cataleptique, des chuchotements et des tours de magie, une extrême adresse dans le jeu des couteaux, du reste, la connaissance des propriétés de maintes herbes, tout cela frappe l'imagination des pauvres et ignorants pasteurs qui ont encore une masse de préjugés. Un Baksa pareil ne quitte jamais un aoul sans avoir reçu des cadeaux.

Mais le personnage réellement aimé et qui est indispensable pour occuper et divertir une réunion des steppes est le Conteur. Il s'en trouve un grand nombre et c'est dans leur mémoire qu'est réfugiée toute la littérature des steppes.

Le Kirghize aime la musique, et à l'occasion il l'écoute avec attention; en voyageant seul dans les steppes, il aime à chanter à voix basse, mais c'est toujours le même air et sur la même note. S'ils improvisent des chansons, ce qu'ils font souvent en voyage, ils ne prennent d'ordinaire qu'un mot, le nom de l'objet qui leur tombe sous les yeux, et le répètent sans discontinuer, en changeant seulement d'intonation. Ainsi, par exemple, un Kirghize chantera pendant une heure : Montagne, montagne, montagne, cheval, cheval, cheval, etc. Rarement une véritable chanson s'adapte à la mélodie. Aussi ceux qui savent en composer sont-ils très-appréciés. Aux festins, un tel barde des steppes reçoit beaucoup de viande et de koumys, et, s'il a réussi à bien amuser la société, on lui fait même présent de quelques moutons. Alors, en s'accompagnant de la balabayka, instrument à deux cordes, l'unique dans les steppes, il chante les louanges du sultan qui est là, du Batyr, ou bien il débite de vieux contes. Ceux-là offrent le plus d'intérêt. Simples comme les récits bibliques, ils ont en même temps le caractère original de la fantaisie orientale. Vrais productions du steppe, ils révèlent l'esprit local mieux peut-être que de longues descriptions. Les Kirghizes nomment ces contes *Irtheghié*. Nous en reproduisons ici quelques-uns dans toute leur simplicité, tels que nous les avons entendu raconter par *Mourzakay*, l'un des conteurs du steppe. Mourzakay était un très-pauvre baygouche, mais avec ses contes il gagna un troupeau de moutons et beaucoup de considération. Il avait le front large et un bon sourire. Lui-même était encore jeune, mais il disait qu'il avait appris ses contes de vieillards, qui les racontaient comme lui.

Voici des Irtheghié kirghizes :

CONTE DU BATYR TCHOURA

Rien en ce monde sans Dieu.

Aux environs de Kazan, vivaient autrefois, il y a déjà nombre d'années, trois *Batyrs* ou héros qui s'appelaient Kara, Tama et Djakay : chacun d'eux avait un fils, et ces fils étaient également des Batyrs, qui, à leur tour, se marièrent et eurent tous des enfants ; le seul Narek, fils de Kara, n'en avait point. Une famille de vieux Batyrs célébrait un toy, toute la famille s'y rassembla. Narek était avec sa femme au nombre des convives : voici qu'on se mit à se moquer de lui parce qu'il n'avait point d'enfants, et de sa femme parce qu'elle était stérile, on lui reprocha enfin d'être venu au toy couvert de la honte d'être sans postérité. Le cœur du Batyr se serra ; il sortit avec sa femme, prit son cheval et partit à travers les steppes, pleurant sur l'insulte qui l'avait frappé et sur la stérilité de sa femme. Sa douleur profonde et ses larmes brûlantes l'aveuglaient, il ne voyait rien devant lui ; il traversait des ravins, des rivières sans s'en apercevoir, et le vent des steppes essuyait ses larmes. Il se plaignait à Dieu de ce qu'il avait permis qu'un tel opprobre l'atteignît ; et Dieu eut pitié de lui. Après qu'il se fut de nouveau établi dans le steppe, sa femme devint enceinte ; tous deux en furent transportés de joie et ils se disaient l'un à l'autre : « Dieu a détourné de nous l'ignominie. » Il leur naquit un fils qui grandissait heureusement, et ils lui donnèrent le nom de Tchoura. Ce petit enfant n'avait que six ans, que déjà on le distinguait parmi ses compagnons ; le tir était le jeu qu'il préférait, il faisait des balles avec les osselets de l'épine du dos des brebis et des autres bestiaux qu'on abattait, et il acquit ainsi une adresse rare. Son père répétait souvent à sa femme : « Notre fils deviendra un grand Batyr, Dieu a eu pitié de moi en me donnant un homme extraordinaire. » Mais la mère, tout en pressentant que Tchoura deviendrait un puissant Batyr, répliquait humblement : « Ne pense point à ce qu'il pourra devenir, il en sera ce qu'il plaira au Seigneur ; tu ne peux le savoir, il faut donc s'en remettre à lui. » Quand Tchoura atteignit l'âge de dix ans, il vint chez son père et lui dit : « Père, peut-être te connais-tu quelques ennemis ; nomme-les-moi, j'irai et je les vaincrai. » Le père lui répondit : « Tu est trop petit encore ; quand tu seras grand, je te donnerai de bons chevaux qui ne se fatigueront ni ne maigriront, et alors tu iras où tu voudras ; maintenant, reste avec nous. » Et l'enfant se fâcha des paroles du père et quitta l'aoul seul. Armé de son fusil, il alla dans le steppe et y vécut longtemps, abattant des oiseaux et des saygaks (1). Les jours s'écoulaient et il acquérait des forces. Une fois il aperçut de loin des ennemis ; notre petit homme ne s'effraya point, il prépara son arme, marcha à leur rencontre, s'avançant à pied, sans ressentir la moindre crainte. Et il commença la lutte : de chacun de ses coups il tuait, soit un cheval, soit un cavalier ; ses adversaires, le voyant seul, se jettent sur lui, mais ne peuvent lui faire de mal ; la *naïza* (ou lance) ne le blesse point, les balles se détournent de lui.

(1) Espèce d'antilopes.

Il arriva que le père, soupirant après son fils, partit à sa recherche dans le steppe. Il vit de loin un tourbillon de poussière et devina aussitôt que son fils soutenait un combat; il retourna en toute hâte à l'aoul et s'écria : « Femme, selle-moi mon meilleur cheval, donne-moi une cotte de maille, une naïza, et apprête un bon carquois et des flèches; Tchoura combat dans le steppe, il faut lui venir en aide, les ennemis sont nombreux, et ils tueront notre petit. » Et sa femme répliqua : « Si Dieu l'a destiné à devenir un Batyr, ils ne lui feront rien, fussent-ils plus nombreux encore; pourquoi s'inquiéter en vain? » Elle ne put cependant persuader le père, qui s'élança vivement sur son meilleur cheval, avec son carquois et les flèches les plus affilées. Il arrive et voit Tchoura exténué de fatigue, étendu au pied d'un monticule; les ennemis s'étaient retirés pour ensevelir leurs morts; Tchoura, dont les forces s'étaient épuisées dans le combat, s'était couché pour se reposer.

Le père lui dit : « Je suis parti à ta recherche et t'ai apporté du koumys; bois et tu te sentiras mieux. » Tchoura but le koumys et, les forces lui revenant, il dit au père : « Avant de me donner un cheval et un arc, récite la *pata* (1) et bénis-moi, car je t'ai quitté sans t'en prévenir, et il faut d'abord que tu me le pardonnes. » Et Narek bénit Tchoura après avoir fait sa prière, et Tchoura monta à cheval, prit la naïza et les flèches, et se jetant sur ce qui restait d'ennemis, il en tua plus de cinq cents. Il revint ensuite chez son père et demeura chez lui. Un beau jour il s'en vint devant son père et dit : « Tu as des parents à Kazan, laisse-moi aller les voir; ils ne savent même point que j'existe; qu'ils l'apprennent et me connaissent, et qu'ils aient ainsi de tes nouvelles. » Narek résista longtemps, craignant que Tchoura ne fût tué, soit par Djakay, qui l'avait autrefois chassé du toy, soit par des ennemis sur sa route; mais Tchoura pria et insista si fort qu'il dut enfin consentir. Il lui choisit une paire de ses plus beaux chevaux, l'arma et le laissa partir. Tchoura alla sans s'arrêter nulle part, sans dormir, ni se reposer. Quand un cheval était fatigué il sautait sur un second, et avançait toujours. Il arriva heureusement jusqu'aux environs de Kazan, mais en s'approchant des murailles, il vit l'ennemi les entourer de tous côtés. Tchoura se prit à réfléchir, et résolut de venir en aide à ses parents enfermés dans Kazan. Pour reprendre des forces, il commença par dormir et laissa son cheval paître à ses côtés. Dans ce même moment, la fille de Tama se tenait au haut de la tour de Kazan et observait le steppe et le camp ennemi; elle aperçut au loin Tchoura, pressentit que c'était là leur libérateur, et il lui sembla qu'il était entouré de milliers d'hommes armés. Elle court vers son père avec la joyeuse nouvelle : « Ne crains rien, dit-elle, tout finira bien; j'ai vu le libérateur et des milliers de soldats à ses côtés. » En ce moment, soit que l'ennemi fût saisi d'une panique, soit qu'il se fût convaincu de l'impossibilité de prendre Kazan, il se retira en emmenant seulement les troupeaux et les haras. Tchoura s'éveilla et s'aperçut qu'il n'y avait plus d'ennemis, mais qu'ils chassaient les troupeaux devant eux; il se jeta à leur poursuite en criant : « Rendez tout ce que vous avez enlevé, sinon aucun de vous ne restera en vie. » Voyant qu'il était seul, ils se prirent à rire et à se moquer de lui. Pour toute réponse, Tchoura saisit son arme et se mit en danse. Il n'avait cessé de combattre pendant six jours sans discontinuer, et n'avait pu les exterminer tous. Mais les ennemis avaient péri en si grand nombre que de leur sang il s'était formé un torrent, qui roulait avec bruit dans le ravin auprès de Tchoura. Il finit par les achever jusqu'au dernier et se sentit affaibli. Il aperçut un arbre, car les arbres croissent autour de Kazan, et s'endormit, après avoir chassé dans la direction de la ville les troupeaux reconquis. De Kazan on voit l'ennemi se retirer, on aperçoit les troupeaux qui reviennent, mais on ne voit point le libérateur. On envoya des hommes à sa recherche, et la fille de Tama sortit avec eux, et c'était une jeune fille très-belle, aux cheveux noirs et soyeux, aux yeux de feu. Elle trouve Tchoura sous l'arbre, appelle son père et lui montre que c'était là le libérateur; puis elle s'agenouille à ses côtés, lui caresse la joue de sa fine main, et sourit au beau jeune homme. Beaucoup de gens s'assemblent et parmi eux le vieux Kara; tous regardent et s'étonnent très-fort qu'il soit seul; personne ne sait d'où il est venu, ni qui il est. Voici que la fille de Tama se retourne vers Kara et lui dit : « Mais il te ressemble parfaitement, ce doit être un de tes parents; on dit bien que tu as eu un fils qu'on a outragé à une fête, et qui s'en est allé dans le steppe, ce doit être son enfant. » Le cœur de Kara battit violemment; il commença avec les autres à tâcher de réveiller le jeune homme, mais il continuait de dormir si bien qu'on douta qu'il fût en vie. Bayana, la fille de Tama, se tourna alors vers Kara et lui dit : « Tu es infidèle, tu ne pries pas avec assez de ferveur, voilà pourquoi tu ne peux l'éveiller. Si tu priais de toute ton âme, sans nul doute il se lèverait. » Pendant ce temps les assistants voulurent soulever Tchoura du sol, mais tous tant qu'ils étaient ils ne purent y réussir; ils ne parvinrent qu'à soulever la tête, mais ils manquèrent de force pour faire bouger le corps de place. Kara tomba à genoux et commença à prier avec ardeur, il récita fidèlement le *namaz*, et Tchoura s'éveilla, se souleva à demi, mais il ne put se mettre sur pied, car la prière du vieillard n'était point assez puissante. Bayana s'approcha, prit dans ses bras le jeune homme, l'embrassa, lui fit mille caresses, et Tchoura se leva. On l'accable de questions sur ce qu'il était,

(1) Prière.

d'où il venait et s'il avait vaincu l'ennemi. Il ne se nomma point et répondit seulement qu'il se rendait chez Kara, envoyé par son père, grand ami du vieillard; on l'interrogea longtemps sur le nom du père, mais il ne répondit rien jusqu'à ce que le vieux Kara lui dit : « N'es-tu point le fils de mon Narek, qui n'avait point d'enfants et que j'ai perdu? » Alors Tchoura avoua qui il était, et Kara, transporté de joie, l'emmena avec force honneurs et fêtes à Kazan. Djakay et ses enfants, se rappelant l'offense faite autrefois à Narek, s'effrayèrent très-fort, craignant que Tchoura ne cherchât vengeance. Voyant leur effroi, Tama dit à Tchoura : « Voici l'homme qui a outragé ton père avant que tu ne fusses au monde, il est parmi nous. Que veux-tu qu'il en soit fait? » Tchoura lui répliqua : « Le tuer ne me ferait point honneur; qu'est-ce que tuer un homme pour celui qui en a exterminé des milliers? Au contraire, si Djakay n'avait point offensé mon père, peut-être ne serais-je point venu au monde, mon père maintenant encore aurait, comme alors, honte d'être sans enfants, et reprocherait à ma mère sa stérilité; mais, grâce à l'outrage de Djakay, Dieu a envoyé une consolation à mes parents. Je ne lui garde point rancune. » Et ils se donnèrent la main et se dirent le salam, et vécurent en bonne intelligence. Des toys succédaient aux toys, des banquets aux banquets, tout cela à Kazan et en l'honneur de Tchoura, et quand il voulut à la fin retourner chez son père, on lui donna dix hommes pour l'accompagner.

Tchoura voyagea heureusement avec ses dix compagnons, et, en approchant de l'aoul paternel, il aperçut une bande d'ennemis. Ses compagnons voulurent fondre sur eux, mais Tchoura les arrêta en disant : « Ne vous jetez point contre eux, car ils vous tueraient. Je saurai me tirer d'affaire tout seul; si je suis vainqueur, je vous rejoindrai chez mon père, et, si je péris, vous lui raconterez ce que j'ai fait à Kazan, comment j'y ai été reçu et comment on l'y attend. » Longtemps ils ne se laissèrent point convaincre; enfin, ils lui obéirent et suivirent le chemin que Tchoura leur indiqua; il resta seul, combattit et vainquit les ennemis qu'il tua tous, et comme ils n'étaient qu'en petit nombre, ils les acheva vite et rejoignit ses compagnons avant qu'ils fussent arrivés à l'aoul paternel. Il raconta à son père et à sa mère ce qu'il avait fait en route et à Kazan, et, peu de jours après, il partit avec ses parents pour cette ville; il y eut de nouvelles fêtes, des banquets. J'y ai assisté, dit Mourzakay, et j'ai bu du koumys comme les autres, mais, quoiqu'il en découlât de ma barbe et de mes moustaches, ma bouche restait sèche.

CONTE DE KOUGOUOUL.

L'homme n'a de puissance au ciel sans Dieu, ni de force sur la terre sans un bon cheval. Il y avait autrefois un Kirghize nommé Burouzgay. Il possédait quantité de moutons et de chevaux, et rien ne lui aurait manqué si Dieu ne lui avait refusé des enfants. Il se trouvait donc seul en avançant en âge. Jamais cependant il ne récitait le namaz ni n'observait le jeûne. Un jour il fut saisi de tristesse de vieillir sans famille et il résolut de visiter des lieux sanctifiés, espérant qu'il pourrait encore obtenir, par ses prières, qu'un fils lui fût donné. Il se fit des chaussures de fer, prit en main un bâton de fer et se mit en route. Il marcha et marcha, peut-être dix ans, et peut-être davantage, tant et tant, que ses souliers de fer s'usèrent, et que de son long bâton il ne resta que la poignée; enfin, il se laissa choir sur le sol et y demeura étendu, souffrant beaucoup et ne pouvant ni se relever ni mourir. Or, voici que survint un saint homme qui l'aperçut gisant à terre, en eut pitié, se pencha vers lui et lui demanda qui il était et ce qu'il avait. Mais Burouzgay ne pouvait prononcer une parole. Alors le saint homme tomba à genoux, récita le namaz en suppliant le Seigneur de délier la langue de cet infortuné, et à peine achevait-il, que Burouzgay sentit les forces lui revenir; il raconta qui il était et par quel motif il avait quitté son aoul. Le saint homme s'éloigna un peu et recommença à prier jusqu'à ce que Dieu lui dit : « Tu es agréable à mes yeux : aussi accomplirai-je le vœu que tu m'exprimeras. Mais pourquoi intercèdes-tu en faveur de Burouzgay? Il ne paye pas l'impôt, ne récite point le namaz, n'observe point le jeûne. Comment puis-je avoir pitié de lui. » — « Seigneur! répondit le saint homme, désormais il te servira pieusement et fera les prières voulues; mais ne rejette pas mon invocation, accueille-la plutôt et accepte-moi comme otage. » Dieu lui répondit : « Va, serviteur fidèle, ton désir sera exaucé. Demande à Burouzgay ce qu'il souhaite que je lui accorde, soit quarante fils et quarante filles, soit seulement un fils et une fille, mais particulièrement choisis par moi. » Le saint homme retourna à l'endroit où il avait laissé Burouzgay, et, le retrouvant rétabli et agenouillé, il s'écria plein de joie : « Seigneur, je ne t'ai point menti; avant même que j'aie revu Burouzgay, il avait commencé à te rendre des actions de grâce. » Et il répéta à Burouzgay les paroles divines. Celui-ci lui répliqua : « Que ferais-je de quarante fils et de quarante filles? Si ma prière a été exaucée du Très-Haut, qu'il m'accorde un fils et une fille. » Le saint bénit Burouzgay et rapporta au Seigneur sa réponse.

Burouzgay retrouva intactes ses chaussures de fer et reprit le chemin de son aoul. En approchant, il croit reconnaître son steppe et son ravin et ses troupeaux ; il considère ces objets avec joie, et peu à peu la mémoire lui revient, et il reconnaît que rien n'a changé depuis son départ. Il s'approcha d'un pâtre pour l'interroger sur le maître du bétail et des troupeaux. Les pâtres ne le reconnurent point ; il était fort amaigri par les jeûnes et les fatigues, il avait dépéri et vieilli, et ses habits s'étaient usés. « Que t'importe notre maître? répondirent les pâtres. Va, continue ton chemin. » Et ils allèrent faire la ronde des troupeaux. Burouzgay attend leur retour et les questionne de nouveau ; les pâtres le chassent comme un misérable baygouche sans vouloir lui parler, ce qui l'amena à leur dire son nom. Aussitôt ils le contemplent attentivement, le reconnaissent et lui apprennent que sa femme, qu'il a laissée enceinte, est presque à son terme, et qu'en ce moment on attend des visiteurs dans l'aoul. Puis les pâtres, sans attendre la réponse de Burouzgay, courent avec la rapidité d'une flèche. Arrivés auprès de la femme de Burouzgay, ils lui demandent un *tchouyountcha* (cadeau qu'on fait en recevant une nouvelle joyeuse). Après avoir reçu leurs présents, ils lui annoncent le retour prochain de son mari. La femme se réjouit beaucoup, et bientôt Burouzgay survint. Peu de jours après, sa femme accoucha de deux forts beaux enfants jumeaux : un fils et une fille. Burouzgay ne se possédait pas de joie, et il se livrait à une foule de réflexions sur les noms à donner aux enfants dont Dieu l'avait gratifié dans ses vieux jours. Tandis qu'il méditait profondément, le saint homme qui avait déjà intercédé pour lui auprès de Dieu apparut et lui dit : « Tu nommeras ton fils Kougououl et ta fille Khanysbek, ce qui veut dire belle. » Et Burouzgay obéit au saint homme, qui le quitta. Les enfants grandissaient et embellissaient ; quatre années s'écoulèrent ; les jumeaux commencèrent à apprendre à tirer de l'arc, avec des petits arcs qu'ils se firent eux-mêmes, et Kougououl surtout apprit à bien tirer, et dix années passèrent ainsi. Il arriva vers ce temps qu'un puissant sultan donna un grand toy. Au banquet, il annonça qu'il ferait élever un poteau avec une pièce d'or au sommet, et que quiconque percerait cette monnaie d'une flèche deviendrait l'époux de sa fille. Une foule de concurrents se présentèrent ; le poteau était très-haut ; tous tirèrent à tour de rôle, mais aucun ne put percer la pièce d'or, et les tireurs les plus renommés des steppes manquèrent le but. Enfin, le dernier convive du toy lança sa flèche et le manqua également. Le sultan s'écria : « Sont-ce donc là tous les jeunes gars du steppe? n'en est-il point resté un qui veuille décocher une flèche pour gagner la main de la fille du sultan? » — « Il n'y en a plus qu'un, lui répondit-on, Kougououl, le fils de Burouzgay ; mais ce n'est qu'un garçonnet de dix ans. » — « Cela ne fait rien, dit le sultan ; amenez-le de suite. » On l'envoya quérir à l'aoul. Il se présenta monté sur un cheval poussif, avec de vieux habits, l'arc en bandoulière. Il avait bien de beaux habits et de vaillants coursiers, car son père était riche et ne lui refusait rien, mais il voulait, devant les riches, faire semblant d'être pauvre et méprisé. Le voyant chevaucher, la femme du sultan s'écria : « Celui-ci sera mon gendre, et nul autre de ceux qui sont présents. » Arrivé devant le poteau, Kougououl ne voulut point décocher sa flèche. « Vous êtes nombreux ici, dit-il, et je suis seul et jeune ; si même j'atteins le but, on ne me donnera point la fille du sultan. » Mais le sultan l'assura qu'il lui donnerait sa fille, pourvu seulement qu'il tirât juste. Et Kougououl se prépara à percer la pièce d'or ; il la visa et tendit si fort la corde, que le cheval exténué s'abattit ; il le frappa à plusieurs reprises de sa nahayka, et le cheval se releva. Kougououl visa de nouveau et tendit encore la corde ; le cheval, cette fois-là, plia seulement les jarrets ; la flèche partit et traversa juste le milieu de la pièce d'or. Kougououl, épuisé par les efforts qu'il avait faits, descendit de son cheval, le dessella, se coucha par terre, la tête appuyée contre la selle, et s'endormit.

Il dormit ainsi pendant trois jours, dans ses habits misérables, tout petit, sur une méchante selle. Mais le sultan avait résolu de ne point marier sa fille à un malheureux pareil. En vain Kougououl attend des messagers, personne ne vient, et il rêve aux moyens de réclamer sa fiancée. Voici enfin qu'une femme de la suite du sultan arrive et lui explique l'affaire. Kougououl lui dit : « Va chez le sultan, et apprends-lui que je lui laisse le temps de réfléchir jusqu'à demain midi. S'il ne me donne point alors sa fille, et avec elle quarante chameaux chargés et quarante tapis, je le tuerai et j'exterminerai sa famille. » Kougououl parut très-beau à cette femme ; elle pressentit en lui un grand Batyr, elle s'en retourna au plus vite à l'aoul du sultan, elle raconta son entrevue à la sultane, qui commença à insister auprès de son époux en disant : que Kougououl deviendrait un grand Batyr, que, s'il lui manquait de parole, il se couvrirait d'une honte aussi noire que la terre. La femme du sultan lui dit encore bien des paroles analogues, jusqu'à ce qu'enfin le sultan, s'étant décidé à marier sa fille, en envoya informer Kougououl. Celui-ci revêtit de splendides vêtements, monta un magnifique coursier et se présenta devant le sultan. On célébra la noce, et, après les toy d'usage, Kougououl emmena sa jeune épouse, et partit pour l'aoul paternel. Quarante chameaux chargés d'objets précieux et recouverts de quarante riches tapis le suivaient, portant la dot de la jeune mariée. En arrivant devant l'aoul, la femme de Kougououl baissa son voile (comme c'est l'usage parmi les Kirghizes). Lorsqu'ils furent arrivés en présence du père et de la mère de Kougououl, celui-ci releva le voile pour la première fois. Dès que les parents eurent aperçu sa figure, ils lui firent présent de beaucoup de chevaux et de bétail (c'est aussi un usage kirghize). Mais comme ils n'avaient point indiqué la couleur du poil des bestiaux offerts en cadeau, la jeune bru ne tomba point à leurs pieds. Le vieux Burouzgay s'en fâcha et s'écria plein de courroux : « De quel chien est-ce la fille? Nous lui avons donné une quantité de cadeaux et elle ne veut point s'humilier devant nous, et elle ne nous rend point le salam comme c'est de rigueur. » Elle répondit : « Que m'importent vos présents? ils ne me sont point nécessaires. Vous ne m'avez pas donné ce qu'il y a de meilleur. Derrière tout le troupeau marche une jument alézane; elle s'enfonce jusqu'aux genoux dans le sable, elle seule me convient, car elle mettra bas un étalon qui sauvera mon Kougououl de bien des malheurs et sera un vrai cheval de Batyr. Donnez-moi cette seule jument, elle a le plus de valeur, je la préfère à tout. » « Ma bru a de l'esprit, quoique jeune, » dit Burouzgay. Cela lui plut; il se réconcilia avec elle, lui donna la jument, et la jeune femme tomba aux pieds des parents et leur rendit le salam d'usage. On plaça une belle kibitka auprès de celle des parents, et les jeunes mariés y demeurèrent, et la femme de Kougououl ordonna à ses serviteurs de veiller sur la jument alézane comme sur la prunelle de leurs yeux. On creusa donc une fosse énorme que l'on recouvrit d'herbe, on y garda la jument en lui donnant une nourriture abondante; la nuit on allumait des feux alentour. Quarante journées s'écoulèrent et la jument mit bas un étalon, un petit étalon bai; aussitôt les serviteurs coururent trouver la femme de Kougououl et lui demandèrent une tchouyountcha pour la bonne nouvelle qu'un étalon était né. « Attendez encore quarante jours, répondit-elle, et pendant ce temps soignez l'étalon, donnez-lui à manger et à boire. » Les serviteurs obéirent et gardèrent l'étalon, et quand les jours fixés se furent écoulés, ils revinrent de nouveau chez la femme de Kougououl, qui leur déclara à tous qu'à dater de cet instant ils étaient tout à fait libres et pouvaient aller où bon leur semblerait. Quant au jeune étalon, on lui fit un lacet en soie de quarante toises, on le nourrit d'orge pur, de lait et de *kichmich* (espèce de raisin) et il grandit avec Kougououl. Quelques années se passèrent, et l'étalon devint grand et Kougououl fort et robuste. Vers ce temps il arriva que le Khan vint en visite chez le vieux Burouzgay, et quand il vit Khanysbek et la femme de Kougououl, elles lui plurent au point qu'il perdit connaissance et tomba par terre. On le ranima, on prépara le manger, tous se mirent à couper les viandes pour le bichbarmak, et le Khan fit de même; mais ses mains tranchaient la viande et ses yeux admiraient ces belles femmes; il s'enflamma d'une grande passion et il ne pouvait détourner les yeux de leurs figures, si bien qu'en tranchant la viande, il ne s'aperçut même pas qu'il s'était coupé au doigt; il ne le remarqua qu'au bout de quelques moments et en eut une honte si grande qu'il ne mangea presque rien, mais, pour ne point offenser ses hôtes, il faisait semblant de goûter les mets; il fit vite ses adieux et s'en revint chez lui avec un secret désir au cœur. A peine arrivé, il rassembla ses parents et ses amis et les consulta sur les moyens à prendre pour se défaire de Kougououl et s'emparer de sa femme et de sa sœur. Tous lui dirent qu'on ne pouvait le tuer, car c'était un grand Batyr; mais ils inventèrent un autre moyen : ils conseillèrent d'envoyer Kougououl chez une horde ennemie avec ordre de tuer ou prendre vif le Khan qui y régnait. Le Khan se réjouit fort de cette idée, car on l'assura que son envoyé ne reviendrait pas même au bout de dix ans et qu'il était tout à fait probable qu'il y périrait. Il envoya quérir Kougououl et lui donna l'ordre qu'on avait imaginé après beaucoup de réflexions. Kougououl revint de chez le Khan à son aoul, et raconta à sa femme l'ordre qu'il avait reçu.

« Ce n'est point pour cela qu'il t'envoie, répondit-elle; je connais toutes les pensées de son cœur. Lors de sa visite ici, il s'est enflammé d'une terrible passion pour moi et pour ta sœur; c'est nous qu'il désire; il t'envoie loin pour que tu meures; mais tu as ton cheval, tu ne périras point; seulement reviens vite. »

Kougououl partit et ne prit avec lui que ses serviteurs sans leurs chevaux; il chemina, chemina longtemps par différents steppes, jusqu'aux frontières ennemies, dix ans peut-être, ou bien moins, ou bien plus, je ne le saurais dire.

Enfin, son cheval s'arrêta; Kougououl voulut le faire avancer, mais le cheval lui parla d'une voix humaine : « Ne me force pas d'avancer; nous sommes déjà près de l'ennemi; ôte-moi la bride et la selle, j'irai voir en quel nombre ils sont. » Kougououl obéit au cheval, qui commença à se rouler par terre, car, quand il se roulait ainsi, ses forces augmentaient plus que s'il eût pris la plus copieuse nourriture; puis il se redressa, se secoua, hennit, se changea en oiseau et s'éleva dans les nues. Il vola ainsi trois jours; enfin il revint et dit : « Il y a plus d'ennemis que de crins dans ma crinière ou dans ma queue. Réfléchis bien à ce que tu vas faire : veux-tu te battre ou bien t'en retourner? » Kougououl ne s'effraya point; il quitta ses serviteurs en leur enjoignant de l'attendre. « Si vous apprenez que j'ai péri, ajouta-t-il, portez-en la nouvelle à ma femme et à mes parents. » Il adressa ensuite une fervente prière à Dieu pour invoquer son secours, et il partit. Les ennemis l'entourèrent; mais il ne se laissa pas vaincre. Son cheval lui était d'un grand secours; dès qu'un de ses adversaires l'ajustait de son *moultouk* (fusil kirghize), il se changeait en aigle et s'envolait avec Kougououl bien haut vers les cieux. Dès qu'on le menaçait d'une flèche, l'étalon devenait moineau, et disparaissait dans l'herbe comme une petite boule. Kougououl combattit ainsi plusieurs jours, au point que des ruisseaux de sang se formèrent; enfin il tua et extermina tous les hommes de cette race; il emmena les femmes et les enfants, le bétail, et tout leur avoir, les conduisit à l'endroit où il avait laissé ses serviteurs, auxquels il ordonna de ramener le butin au logis, et il les y précéda monté sur son fidèle étalon. Il alla et alla longtemps. Enfin un soir son cheval ne voulait plus avancer; rien n'y faisait, il était comme pétrifié. Kougououl descendit à terre et se coucha pour dormir. Vers le matin il s'éveilla et s'étant approché de son cheval, il s'aperçut que ce dernier pleurait à chaudes larmes :

« Qu'as-tu, mon bon cheval? demanda Kougououl. Pourquoi pleures-tu? » — « Ah! comment ne pleurerais-je pas? répondit le cheval; voilà l'endroit où je me promenais attaché à mon licou de soie; ici se trouvait notre aoul; et regarde, maintenant il n'y a trace de rien, on a tout ravagé. » Et il se reprit à pleurer. « Ote-moi selle et bride, laisse-moi me reposer et reprendre des forces, et j'irai savoir qui a agi ainsi et quel est ton ennemi. » Kougououl dessella et débrida le cheval, qui se remit à se rouler par terre, et, y ayant repris des forces, il leva la tête, aspira l'air de ses naseaux puissants, bondit, se transforma en oiseau et s'éleva dans les airs. Il vola ainsi pendant trois jours sans pourtant rien découvrir, et déjà il revenait vers Kougououl quand du côté opposé il aperçut les aouls du Khan; il s'y dirigea et, volant au-dessus des kibitka et des troupeaux, il vit tout. Personne ne devina que l'oiseau était le cheval de Kougououl; seule la femme du Batyr pressentit que quelqu'un venait d'auprès de lui, et était proche; elle en parla à sa sœur.

L'oiseau revint vers Kougououl et lui raconta tout ce qu'il avait vu : comme quoi le Khan avait enlevé la femme de Kougououl et sa sœur, emmené tous les troupeaux, forcé son père à rassembler le *kiziak* (fumier) et sa mère à paître les moutons. Puis le cheval recommença ses pleurs.

Kougououl supplia le Seigneur de lui venir en aide pour punir ces affronts, puis il ordonna au cheval de le mener d'abord vers sa mère. Il partit donc et la trouva dans le steppe occupée à paître ses moutons. Il se jeta dans ses bras.

« Pourquoi me salues-tu ainsi? demanda la bonne vieille; serais-tu donc mon fils? » « Si je ne suis point ton fils, est-ce que je ne le vaux point? » « Oh! non, il n'y a pas d'égal à mon Kougououl dans tout le steppe. » « N'as-tu pas eu la moindre nouvelle de lui? » « Je ne sais où il se trouve. Le Khan l'a envoyé chez un peuple ennemi, et je n'en ai point ouï parler depuis. Il m'a semblé seulement aujourd'hui que j'entendais le bruit des ailes de son cheval, mais je ne sais si c'est une réalité ou bien une illusion de Satan. » « Et y a-t-il longtemps que ton Kougououl est parti? » « Oh! oui, il y a longtemps, bien longtemps. » « Mais c'est moi-même qui suis ton Kougououl. Ne me reconnais-tu point? »

La vieille se prit à le contempler, mais elle ne le reconnut point, et dit : « Non, tu n'es pas Kougououl; mais, si tu es son compagnon ou bien si tu sais quelque nouvelle sur son compte, alors parle; mais ne me trompe pas ni ne me tourmente. » « Je suis Kougououl! s'écria le fils; c'est mon cheval qui volait aujourd'hui au-dessus de toi. »

Mais la vieille femme ne le croyait pas. Il lui demanda enfin si Kougououl n'avait point une marque de naissance. Et la mère lui dit qu'il avait sur les épaules une tache noire, grande comme la main. Il la pria alors de lui frotter les épaules (usage très-répandu parmi les Kirghizes). Mais la vieille répondit : « Je ne le puis; les moutons vont s'enfuir de tous côtés et le Khan me battra, car il bat souvent. Va-t'en donc et laisse-moi surveiller mon troupeau. » Mais il insista et l'assura que, si on voulait la battre, il la préserverait et s'y opposerait. La vieille consentit enfin. Elle lui ôta le khalat et la chemise et voulut lui frotter les épaules. Elle aperçut la tache noire, grande comme la main, et se jeta au cou du jeune homme en s'écriant : « Tu es Kougououl, tu es mon Kougououl! » Et elle pleurait de joie.

« Comment ne m'as-tu point reconnu, mère? demanda Kougououl. Y a-t-il donc si longtemps que je suis parti? Et toi, ma pauvre mère chérie, comme tu es changée! Tu as vieilli, ta tête a grisonné, et tes yeux sont rougis par les larmes. » Et il l'embrassa en pleurant.

« Je ne sais, mon enfant, répliqua la mère, depuis quand tu es absent, ni comment le Khan attaqua notre aoul, enleva ta femme et ta sœur, s'empara de tout notre avoir et nous réduisit, ton père et moi, à être ses serviteurs; je n'ai fait que t'attendre, mais j'ai perdu toute mémoire, je ne puis plus dire combien de temps s'est écoulé; je sais seulement qu'il y a longtemps, bien longtemps que tu nous as abandonnés. »

« Sois tranquille, mère, dit Kougououl; les mauvais jours vont finir, et tout va de nouveau bien aller. Dieu m'aidera. Retourne à l'aoul, hâte-toi de rentrer tes moutons sans faire attention qu'il est encore tôt. Si l'on s'informe de moi, dis que je ne suis pas loin, mais n'ajoute pas un mot de plus. » Il lui dit adieu et partit.

La vieille femme revient à l'aoul; mais elle ne marche plus comme d'ordinaire, elle court ; elle qui ne pouvait naguère venir à bout d'une brebis en chasse maintenant trois ou quatre à la fois et les mène traire, tant ses forces sont augmentées.

Le Khan le remarqua et dit à son entourage : « La vieille épouse de Burouzgay doit avoir reçu une bonne nouvelle de son fils : voyez comme cette vieille est maintenant alerte, elle qui se traînait à peine. » Il s'approcha d'elle et la questionna sur son fils. « Il est ici, il est arrivé, lui répond la vieille mère, tu ne pourras plus désormais me faire souffrir. » Elle parlait hardiment, tant son entrevue avec son fils avait rempli son cœur de joie et d'espérance.

Le Khan pâlit d'effroi, et bientôt il aperçut Kougououl qui, monté sur son célèbre cheval, s'avançait vers son ennemi.

Kougououl s'arrêta à quelque distance, puis dit, sans descendre de cheval : « Tu m'as trompé, tu voulais te défaire de moi pour enlever ma femme et ma sœur ; je croyais que tu agissais loyalement avec moi, et je suis parti comme un homme qui était fidèle, aussitôt que tu me l'as ordonné. Mais tu n'es qu'un chien, un parjure, un brigand. Il faut que nous réglions nos comptes ; mais que gagnerais-je à te tuer toi seul ? on dirait ensuite que le Batyr Kougououl n'a tué que le Khan seul. Rassemble donc toute ton armée. » Et le Khan le pria de lui accorder trois jours pour rassembler son peuple entier. Kougououl y consentit et partit. Le Khan envoya des ordres dans tous les aouls de sa horde et des masses d'hommes se réunirent autour de lui. Pendant ce temps, Kougououl adressait des prières à Dieu... Au jour fixé, il arriva et dit : « Tu es mon Khan, je ne veux point tirer le premier contre toi ; commence d'abord. » Le Khan tira, mais le coup manqua. « Je ne veux point encore tirer contre toi, dit Kougououl ; rassemble tes meilleurs chasseurs et archers et ordonne-leur de tirer contre moi ; s'ils ne me tuent point, alors je tirerai moi-même. » Les meilleurs chasseurs et archers du Khan sortirent des rangs et tirèrent à tour de rôle sur Kougououl. Mais son cheval se changeait tantôt en aigle, tantôt en alouette, et le préservait des balles en s'élevant dans les nuages, des flèches en se couchant dans les herbes du steppe, et on ne pouvait parvenir à l'atteindre. Trois jours de suite Kougououl leur permit ainsi de tirer contre lui. Le quatrième il dit au Khan : « Eh bien ! puisque tu es mon maître, tu as tiré contre moi à ta guise, et tes amis et serviteurs également. C'est mon tour maintenant. » « Fais ce qu'il te plaira, » répliqua le Khan. Kougououl plaça le meilleur chasseur, puis deux archers du Khan, et, derrière eux trois, le Khan lui-même en ligne ; il se mit vis-à-vis d'eux et dit, en se tournant vers son cheval : « Mon cheval fidèle, reste ferme maintenant et ne change point de position, pour que je puisse d'une seule flèche les tuer tous quatre. » Le cheval s'arrêta comme pétrifié ; Kougououl tendit de toute sa force la corde, la flèche partit et du même coup perça le chasseur, les archers et le Khan lui-même. Dès que la foule vit que le Khan était tué, elle s'enfuit de tous côtés. Kougououl la poursuit, il atteint à cheval celui-ci, fond sur celui-là du haut des nues, et quiconque il frappe périt. Enfin il s'arrêta dans son œuvre d'extermination. Il revint à l'aoul, retrouva ses parents, sa femme, sa sœur, et s'empara de tout l'avoir du Khan. Parmi les femmes et enfants que les serviteurs conduisaient, il y avait la fille du Khan, dont Kougououl avait exterminé la horde ; il la prit pour sa seconde épouse. Il maria sa sœur Khanysbek à un Khan très-riche de la tribu voisine et devint Khan lui-même. Ainsi finit l'histoire. Les vieilles gens disent, ajouta Mourzakay, que tout cela est l'exacte vérité, et que tous ces événements se sont passés dans les steppes ; je ne l'ai point vu, mais il faut croire ce que disent les vieillards.

FEMMES KIRGHIZES

LES FEMMES KIRGHIZES.

On peut aisément deviner, à leurs idées et à leur genre de vie, quelle doit être chez les Kirghizes du steppe le rôle de la femme : or partout sa condition est ce qui reflète le mieux le degré de développement de chaque société. La Kirghize n'est ni enfermée ni jalousement soustraite aux regards des hommes ainsi que la musulmane ; elle a, sous ce rapport, liberté complète, et dans la vaste étendue des steppes, avec la vie de bergers nomades, il ne pouvait en être autrement. Malgré cela, son sort dépend absolument du mari ; elle est moins sa compagne que sa bête de somme. Tous les travaux sont à sa charge. Le Kirghize reste couché à moins qu'il ne passe son temps à bavarder, ou bien à courir à cheval. C'est la femme qui doit déployer et rouler les tentes, traire les juments et les brebis, préparer le repas, tisser le drap des vêtements ordinaires, veiller à l'ordre et arranger tout à la maison, et si le mari projette quelque excursion, c'est encore elle qui doit aller au haras, amener et seller le cheval, et tenir l'étrier au maître. Elle sert et distribue le koumys pendant les repas, mange quand les hommes ont fini, et est en un mot la cheville ouvrière de cette existence vagabonde.

Une loi sévère la régit. Le Kirghize n'a ni harems, ni eunuques pour garder ses femmes, mais il a sa *kamtcha*, ou fouet, qu'il emploie souvent, et il est presque maître de la vie de ses femmes. Il suffit qu'il ait dit à sa femme trois fois durant tout le mariage le mot *tallyk* pour qu'elle soit considérée comme répudiée, ce qui, avec les natures emportées des fils des steppes, a fréquemment lieu. Les peines terribles qu'entraînait jadis l'adultère sont encore le sujet de nombreuses traditions. La mort par le couteau passait pour une légère punition. Le Kirghize qui avait trouvé un homme chez sa femme l'attachait à la queue d'un cheval qu'il lançait ensuite au galop. Quant à la femme, il la brûlait avec un fer chaud jusqu'à ce que mort s'ensuivît. Maintenant cela n'arrive plus, l'argent rachète le délit, mais ces sombres tableaux doivent encore vivre dans l'imagination des filles des steppes.

Les femmes kirghizes ne manquent pas de charmes dans leur jeunesse : un œil noir plein de feu, des cheveux aile de corbeau tressés en nattes nombreuses et fines, des dents blanches comme des perles, un visage frais et plein de santé, une certaine gaieté et aisance dans son allure et dans tous ses mouvements la rendent agréable, malgré ses pommettes saillantes et ses yeux étroits et relevés obliquement en dehors. Jusqu'à leur mariage elles portent une longue et large chemise tartare avec des manches très-amples. Parfois, mais rarement, elles mettent par-dessus une sorte de veste. Elles aiment les colliers et le clinquant en général. Elles enfilent et passent à leur cou des petites monnaies d'or et d'argent, en entrelaçent dans leurs cheveux, ou même les accrochent en guise de pendants d'oreilles ; elles ont souvent une sorte de bracelets. Leur chaussure, dont les pointes sont relevées et ornées de petites houppes en cuir, ressemble en tout à celle des hommes.

Les femmes mariées rasent leur tête, aussi sont-elles forcées de la recouvrir. Elles l'entourent d'un énorme linge blanc qui, en s'élevant très-haut, cache par le bas la bouche, le cou et même une partie des épaules. Cette coiffure est loin d'être jolie. Du reste, leurs chemises ne diffèrent pas de celles des jeunes filles, mais elles ont en plus des khalats pareils à ceux des hommes et souvent même de larges pantalons. L'habitude qu'elles ont de mettre au besoin plusieurs khalats à la fois en se ceignant d'une ceinture les fait apparaître fortes et gauches, et de loin elles ne se distinguent des hommes que par leur blanche coiffure. Accablées d'un travail continuel et rude, elles vieillissent très-vite, deviennent laides et même, à un âge avancé, repoussantes.

Le Kirghize prend toujours une femme jeune. Aussi les jeunes filles ne restent pas longtemps sans trouver un mari. Lorsque la première femme a vieilli un peu, le Kirghize en prend une seconde, puis une troisième. Les riches en ont même parfois davantage, mais c'est du luxe. Chez ces derniers, chaque femme a une kibitka à part. En général, toutes logent dans la même kibitka; elles y suspendent pour la nuit une espèce de rideaux qui la partagent pour ainsi dire en autant de chambres qu'il y a de maîtresses. En réalité, il n'y existe qu'une maîtresse dont la supériorité est incontestée et qui a droit de commander aux autres, mais cette préséance, comme toute chose dans la famille, dépend de la volonté et du caprice du maître et arrive à échoir à la plus jeune, à celle qui a le plus d'attraits. Lorsque la famille change d'emplacement, la favorite, à cheval, est en tête; les femmes moins aimées, pour observer la gradation établie par le mari, montent des chameaux, et celle qui pour le moment est en disgrâce suit à pied, ce qui est une des plus grandes humiliations qui puissent lui être imposées. Il faut cependant rendre aux Kirghizes cette justice, que bien des fois la plus vieille, c'est-à-dire la première des femmes, reste maîtresse et quasi souveraine de la maison.

En tout pays, les charmes de la jeune fille exercent un certain empire et lui attirent la protection et le respect des hommes; chez les Kirghizes elle est l'objet d'égards d'autant plus grands qu'elle est en quelque sorte une fortune pour ses parents.

Le Kirghize qui veut prendre femme doit commencer par l'acheter en payant ce qu'on nomme le *kallym*, qui est débattu auparavant avec le père. Les parents concluent souvent cette espèce de marché lorsque les enfants sont encore petits et ne peuvent faire leur choix eux-mêmes. Le kallym, dont le montant varie suivant la position du jeune homme et de la fiancée, consiste en têtes de bétail, en plusieurs dizaines ou centaines de moutons et en un nombre correspondant de chevaux et même de chameaux. Il est rare que les pourparlers, pour le payement ne traînent pas en longueur, car les Kirghizes cherchent toujours à tromper, et le désir de spéculer sur les hauts et les bas dans le prix des moutons qui servent, au lieu d'argent, à leurs échanges, engendre une foule de querelles interminables. Dès que la moitié du payement est effectué, le fiancé acquiert le droit de visiter sa future chez ses parents, et on élève alors pour les deux jeunes gens, et à part, soit une kibitka, soit une djoulameyka, soit une simple tente, selon les ressources dont on dispose; mais le fiancé ne peut y entrer qu'après le coucher du soleil et doit en être sorti avant le jour. Si on l'y surprend à toute autre heure, il est rossé à outrance par toute la jeunesse de l'aoul, conformément à un usage reçu. Les noces mêmes n'ont lieu que lorsque le kallym a été totalement acquitté; le mari emmène sa femme, qui passe alors définitivement de l'autorité paternelle dans la sienne, à son aoul ou dans sa kibitka.

D'après les anciennes coutumes, un kallym pareil était destiné à servir de dot à la jeune mariée; aujourd'hui, au contraire, surtout chez les pauvres, il devient la propriété exclusive du père, qui ne donne à sa fille qu'un certain nombre d'habits et d'ustensiles de ménage. Le mariage s'accomplit sans prêtre, car il n'y en a point dans les steppes. Il existe, du reste, certaines cérémonies et des prières que récite le plus âgé de l'aoul, car le respect de la vieillesse est un vestige de mœurs patriarchales que les Kirghizes ont gardé. Le fiancé doit encore faire mine d'enlever sa femme, la prendre de vive force, et les autres femmes font semblant de la défendre. A cette occasion les coups souvent pleuvent comme grêle. Mais tout cela s'efface et s'oublie déjà et n'est plus qu'une forme qu'a quittée la pensée qui l'animait jadis. Les parents se plaisent à reconduire le jeune couple; mais l'accompagnement inévitable d'une noce et réclamé par chacun est un repas (*toy*), car on y peut manger, boire et bavarder à discrétion.

C'est à la suite de pareils repas que de fraîches jeunes filles provoquent les jeunes gens à lutter d'adresse avec elles. Montée sur le meilleur coursier du haras, car la coutume exige qu'on le tienne prêt pour elle, la jeune fille, une kamtcha en main, engage les jeunes gens à la poursuivre et s'élance comme une flèche dans les vastes steppes; on vole sur ses traces et il s'agit de la prendre en courant par le milieu du corps. Plus d'un paye cher ces courses; l'amazone des steppes ne se laisse attraper que par celui qui lui plaît, aux autres elle distribue des coups bien appliqués. Il arrive parfois qu'ayant devancé de beaucoup ses poursuivants, elle rencontre, à un endroit convenu d'avance, un jeune homme d'un autre aoul ou d'une autre tribu, car le cœur a partout ses droits, et il bat violemment dans cette contrée. L'arbitraire du père qui dispose du sort de sa fille sans la consulter, la haine de deux tribus, très-fréquente dans les steppes, et le plus habituellement la différence de fortune élèvent souvent des obstacles aux sentiments du cœur, qui pourtant finissent par triompher. La fuite est le seul moyen de salut, mais il faut de la présence d'esprit et de la finesse, afin de mettre en défaut la vigilance des parents et de tout l'aoul, de sortir en échappant aux regards, et de se rejoindre. Se dérober au ressentiment de ceux qu'on a trompés exige beaucoup de persévérance, et leur tenir tête beaucoup de courage.

Ces scènes ont encore lieu aujourd'hui. Un poëte polonais, M. Gustave Zielinski, qui a passé plusieurs années parmi les Kirghizes de la Sibérie, a écrit un beau poëme basé sur un événement conforme au génie des steppes : Deux amants fuyaient ainsi de l'aoul du père de la jeune fille, qui ne consentait pas au mariage. Ils avaient deux chevaux, et, selon l'usage des Kirghizes, en changeaient à tour de rôle pour qu'ils pussent les porter plus longtemps. Cependant le père avait envoyé à leur poursuite. Ne pouvant les atteindre, ses gens allumèrent les herbes des steppes. L'incendie ne tarda pas à gagner de vitesse les chevaux des fugitifs. Les deux jeunes gens, enveloppés de toutes parts, périrent ensemble au milieu des flammes, unis au moins dans la mort.

Mais si les types de Roméo et de Juliette sont rares dans le monde, ils sont à plus forte raison exceptionnels dans les steppes kirghizes.

Les femmes kirghizes sont pleines de préjugés. Elles ne cessent de recourir aux charlatans des steppes, et c'est une conviction généralement répandue chez elles que la possession de cheveux d'un homme complétement étranger, tel qu'un chrétien, par exemple, préserve des avortements et soulage dans les accouchements ; aussi réclament-elles souvent un pareil présent des voyageurs qu'elles rencontrent. On amène volontiers des étrangers près des femmes en couches, dans l'idée que leur présence facilitera la venue au monde de l'enfant. Les Kirghizes font dans ces circonstances un tapage extraordinaire, convaincus qu'ils sont que l'effroi aide à la délivrance de la mère.

Les femmes évitent de prendre la parole devant leur père et leur mari ; seulement, dès qu'elles restent seules dans la kibitka, elles bavardent énormément, et montrent beaucoup de curiosité et peu de modestie. En dehors des soins d'un ménage de berger, elles brodent, avec la patience propre aux races de l'Orient, les feutres et les essuie-mains, et ces travaux ne manquent pas de goût.

L'ARBRE VÉNÉRÉ DES KIRGHIZES

L'ARBRE VÉNÉRÉ DES KIRGHIZES.

Les arbres sont en général une si grande rareté dans les steppes qu'ils sont devenus un objet de culte pour leurs habitants. L'arbre dont nous donnons le dessin est le seul qu'on rencontre sur toute la route entre le fort d'Orsk, situé à l'embouchure de l'Or dans l'Oural, et les bords de la mer d'Aral : c'est-à-dire dans un trajet de mille kilomètres. Il appartient à une espèce de peuplier, très-commune sur les bords de la Vistule, et la vénération profonde qui lui est vouée s'étend également à tous les genres de cette famille d'arbres. On en retrouve souvent dans les steppes de l'Asie centrale, sous le nom d'arbre des haillons, ou *Sinderik Agatch* en tartare, parce qu'ils sont toujours couverts de chiffons et de lambeaux arrachés aux habits.

Tout Kirghize passant auprès d'un arbre sacré s'arrête, enlève de son chameau ou de son cheval la housse ou le petit tapis dont l'animal est recouvert, étend cette couverture sur le sol; s'y agenouillant, ou plutôt s'y accroupissant, il récite ses prières; puis il suspend aux branches de l'arbre un brin d'étoffe pris à son habit, un morceau de peau de mouton ou des crins de son cheval.

Ils ont tous la conviction intime qu'un pareil don leur porte bonheur, les préserve de toute maladie et leur assure une longue vie; c'est pourquoi non-seulement les arbres mais même les arbustes sont le plus souvent chargés de semblables offrandes.

Abattre un arbre pareil est regardé comme le plus grand des sacriléges, et nul Kirghize n'en détachera même une branche morte.

Au fond du steppe, non loin des monts de Mougodjar, on vénère ainsi un prunier sauvage, composé de plusieurs troncs, dont la moitié est desséchée et auxquels nul n'ose toucher. Le nombre de chiffons et de pièces de peau de mouton qu'on y attache augmente toujours, et le nid que l'aigle du steppe y a posé, ne sera pas violé car l'arbre sacré lui sert de protection.

L'IRGHIZ

L'IRGHIZE

L'eau est rare dans les steppes kirghizes. Un grand fleuve, après avoir traversé le Khô-kand, les sépare, il est vrai, du territoire de Khiva, mais seulement en achevant son parcours : c'est le Syr-Daria ou Iaxartes des anciens, aux sources duquel ils plaçaient le jardin aux pommes d'or des Hespérides. Les steppes, dont certaines régions, telles que l'Oust-Ourt, manquent absolument d'eau, n'ont aucune rivière qui lui soit comparable.

Le Manghichlak, quoique possédant des sources nombreuses, n'a pas un seul ruisseau considérable. Cependant la portion de pays comprise entre l'Oural et la mer d'Aral, vue à vol d'oiseau, est couverte comme de petites veines d'eau qui tantôt se rassemblent en cours d'eau plus grands, tels que l'Emba, tantôt coulent isolés au milieu des sables et y disparaissent. L'Emba est la principale de ces rivières. Malgré son peu de profondeur en beaucoup d'endroits et ses flots de sable, elle arrive jusqu'à la mer Caspienne et lui apporte une partie des eaux du steppe. Viennent après elle l'Or, qui tombe dans l'Oural, l'Irghize et le Tourgay; ce dernier se divise en plusieurs branches. Les rivières encore moindres abondent; elles prennent leur source en grand nombre dans les montagnes de Mougodjar, et s'échappent dans différentes directions. Nous ne citerons ici que l'Achtche-Say, le Kyëndy, l'Akhty-Djaksy, le Kayraklly, le Temir, le Karaboutak, car ce serait pousser trop loin cette nomenclature que d'énumérer les noms de chaque cours d'eau. — Tous, sans en excepter l'Irghize et le Tourgay, ont ce caractère commun, qu'ils se montrent à des intervalles irréguliers; ainsi, il n'y a presque pas de rivières qui n'aient l'apparence tantôt d'un petit lac, tantôt d'un mince filet d'eau, et qui ne finissent par se perdre complétement au milieu des marais et sous les sables, pour se faire jour ensuite à quelques dizaines ou centaines de mètres, couler de nouveau, puis disparaître de la même façon.

Les rivières forment de véritables oasis dans ce steppe désert et aride. Leurs bords sont parsemés de pierres et souvent couverts de roseaux qui, même desséchés, prêtent leur ombre aux plantes plus petites et facilitent leur croissance; les voyageurs sont attirés tant par la variété du paysage que par la verdure si désirée et si nécessaire en route comme pâture des chevaux et des chameaux.

Les caravanes des marchands qui vont de la Boukharie et de Khiva à Troitsk ou à Orenbourg s'y reposent; les marchands qui font le commerce avec les Kirghizes y déploient souvent leurs tentes, les aouls des pasteurs y campent, et c'est là que viennent aussi se désaltérer les troupeaux d'antilopes du steppe, les chevaux sauvages, et que les rossignols même font leurs nids dans les buissons qui croissent grâce à la fraîcheur des eaux.

Ces antilopes, qui tiennent par leurs formes le milieu entre le mouton et le chevreuil, parcourent le steppe par troupeaux qui parfois en comptent plusieurs centaines. La légèreté de leur course ne permet pas de les atteindre à cheval, et on n'attrape que les jeunes bêtes qui tombent d'épuisement et se laissent alors prendre vivantes. Elles sont très-douces, avec de grands yeux saillants noirs, d'une expression très-agréable, et l'on pourrait aisément les apprivoiser. Leur chair est bonne, seulement elles ont en été tout le dos dévoré par des insectes qui y déposent leurs œufs, s'y développent et tourmentent d'une manière atroce les pauvres bêtes pendant les grandes chaleurs. — Les koulanes que possède aujourd'hui le Jardin d'acclimatation vivent en troupeaux considérables et sont aussi d'une vélocité surprenante. Leur croisement avec des chevaux du steppe aurait peut-être produit une race dure à la fatigue et d'une grande rapidité. Les Kirghizes, du reste, ne se sont point occupés à les apprivoiser, et ils assurent que cela ne réussit pas.

Des rivières du steppe, l'Emba a le plus abondant et le meilleur poisson, qui y vient en partie de la mer Caspienne. Les Kirghizes cependant ne le mangent pas volontiers. Quant aux écrevisses qu'on trouve dans les autres rivières, ils les tiennent tout bonnement pour le mauvais esprit, les appellent *Szaytan*, et aucun d'eux ne les touche.

L'eau diffère selon les rivières. En général, le steppe entier contient tant de sel, que souvent les petites rivières ont une eau salée.

Près des rivières ou dans l'espace qui s'étend entre elles, se trouvent les meilleurs pâturages couverts d'une herbe luxuriante. C'est aussi là qu'on a le mieux occasion de contempler un spectacle propre à ces contrées : un incendie dans les steppes. L'été, quand les herbes sont desséchées, il suffit de la moindre étincelle imprudemment jetée pour allumer le steppe. Dès que le feu a acquis de la consistance, il n'est plus au pouvoir de l'homme de l'éteindre. Sautant d'une petite herbe à une autre, quand il arrive à des touffes plus considérables, il s'élance en gerbes de flammes et se communique si rapidement, que même à cheval on ne peut y échapper. Bientôt, de grands espaces brûlent, et l'élément déchaîné ne trouve d'obstacle que dans une rivière ou dans un lac. Un feu pareil parcourt parfois dans une nuit un espace de soixante-dix kilomètres, ne laissant derrière lui qu'un emplacement noir. Au milieu des ténèbres, c'est un spectacle grandiose et mouvementé; tout l'horizon flamboie, et l'on ne saurait prévoir où s'arrêtera ce torrent destructeur, car il gagne de proche en proche. Les habitants du steppe se servaient souvent de ce moyen dans les guerres et les invasions. Le feu, lancé avec le vent contre le campement des ennemis, les enveloppait avant qu'ils aient pu fuir, et si même ils n'avaient pas déployé leurs tentes, ils n'en étaient pas moins atteints et périssaient dans son infernale étreinte. Les gens sans expérience perdent, dans un pareil danger, leur présence d'esprit, mais ceux qui conservent la leur, dès qu'ils aperçoivent de loin le feu qui se rapproche, allument immédiatement devant eux les hautes herbes et avancent en suivant ce nouvel incendie, qui laisse derrière lui un terrain dévasté sur lequel on ne court plus de danger; pendant ce temps le premier incendie s'éteint faute d'aliment en arrivant à l'endroit où les flammes ont déjà passé. L'homme ainsi combat le feu par le feu, et demeure sain et sauf entre deux embrasements.

Sans parler de toute la rangée de forts russes élevés ces derniers temps sur le Syr-Daria, comme l'Akhmetchet, aujourd'hui Perowsky, le Kazala, etc., c'est également au bord de petites rivières qu'on en a bâti d'autres, qui constituent de véritables étapes entre la mer d'Aral et Orsk, fort placé à l'embouchure de l'Or dans l'Oural et qui semble une sentinelle placée au seuil du désert. Le plus petit de ces forts, situé sur le Karaboutak, en porte le nom; deux autres, l'un nommé fort de l'Oural et l'autre fort d'Orenbourg, ont été construits sur l'Irghize et sur le Tourgay. Entourés d'un simple rempart en terre et composés de bâtisses d'argile, ils ne se distinguent ni par leur beauté, ni par leur solidité, mais ils répondent suffisamment aux besoins locaux, car leurs garnisons dominent le steppe et sont de véritables sauvegardes, même pour les caravanes qui passent au loin. Les garnisons de tous ces forts ne peuvent trouver de subsistance dans le steppe qui les entoure. Aussi reçoivent-elles de la farine et des provisions de bouche d'Orenbourg. Ces transports de vivres annuels ont déjà frayé un chemin qui traverse tout le steppe depuis Orsk jusqu'à la mer d'Aral, et à cinq cents kilomètres plus loin, du côté de l'orient jusqu'au fort de Perowsky. C'est l'unique chemin sur tout cet espace. De petites colonies sont établies à l'abri de ces forts. On espère, grâce à elles, arriver à défricher ce sol inculte. La terre n'y manque pas, de façon qu'on peut facilement ensemencer un nouvel espace chaque année. Sous ce rapport, les colons russes sont contents de leurs nouvelles demeures; ils ne se plaignent que de l'ennui qu'ils éprouvent. « Ah! si nous étions seulement deux fois aussi nombreux? » disent-ils à quiconque les interroge, car le désert les entoure, et y vivre sans la force d'âme d'un anachorète est bien difficile. Ces colonies, quoique situées à plus de deux cents kilomètres de distance les unes des autres et privées de tout voisinage, entretiennent entre elles de continuelles relations. Leurs mœurs mêmes, cédant aux influences du steppe, changent peu à peu. Il arriva, par exemple, qu'une jeune fille du Karaboutak plut à un coloniste des bords de l'Irghize; ils s'aimèrent et voulurent se marier. Mais le père de la jeune fille, ayant en vue un parti plus riche, n'y consentait pas et s'obstinait tellement, que nulles prières, nulles représentations, pas même les cadeaux du jeune homme, ne pouvaient le fléchir. Ne voyant aucun autre remède, les amants se décidèrent à la fuite. En effet, le jeune homme vint avec deux chevaux, la nuit, dans les environs de Karaboutak. Il demeura, sans être aperçu, un jour dans un ravin, pour que les chevaux se reposassent bien, et, la nuit, la jeune fille sortit de la maison, ainsi qu'il était convenu, monta sur un cheval, et les deux amants partirent vers l'Irghize. Quelques heures après, le père s'étant aperçu de l'absence de sa fille, et se doutant de ce qui était arrivé, se mit à sa poursuite, mais il ne put rattraper les fugitifs. Ceux-ci firent le chemin en une journée et demie. Le jeune homme avait tout préparé, et quand le père survint, il les trouva déjà mariés. Il resta fâché pendant quelque temps, mais finit par pardonner. Nous avons cité ici ce petit fait comme un trait des mœurs des colons.

Des diverses colonies, ce sont celles qui ont été fondées pendant ces dix dernières années sur le Syr-Darïa, dans le voisinage des petits forts dont nous avons parlé, qui ont incontestablement le plus d'avenir. La terre, en beaucoup d'endroits, s'y prête à la culture; le voisinage d'un fleuve important permettrait d'y développer un système d'irrigation sur une vaste échelle. La proximité de Khôkand, c'est-à-dire du cœur même de l'Asie centrale, assure des débouchés commerciaux. La race entreprenante et infatigable des Kozaks de l'Oural s'est montrée disposée à s'y établir depuis le moment où elle a entrevu cette contrée, lors de l'expédition d'Akmetchet, en 1853. Si les petites colonies actuelles pouvaient recevoir des encouragements efficaces, elles croîtraient rapidement, et ce coin du steppe ne tarderait pas à perdre sa physionomie.

Aujourd'hui, aux gens d'un autre pays, un séjour prolongé dans ces forts est souvent terrible. Pour toute ressource, on a la petite garnison et, autour de soi, rien que le désert avec sa monotonie qui accable l'âme, et encore sans la liberté qu'il offre à ses enfants.

Paris, Rellet et Fornover Impr. q. de la Tournelle 33

UN TOMBEAU KIRGHIZE

UN TOMBEAU KIRGHIZE.

Presque tout le steppe est parsemé de tombeaux, seuls monuments qui soient restés de ses anciens habitants, et les seuls que laisseront ceux d'aujourd'hui. Ne portant presque jamais d'inscriptions, formant rarement le sujet d'une tradition, ils demeurent comme des hiéroglyphes muets qui témoignent seulement que cette terre n'est pas peuplée d'hier. Ils portent en général le nom de *Moulla* ou *Tapa*, ce qui rappelle le *Stoupa* sanscrit, dont on fait aussi dériver le mot steppe que l'on applique encore, par exemple, à l'Ukraine polonaise, à cause, dit-on, de ses innombrables stoupa ou tombeaux.

Le steppe kirghize est aussi couvert de beaucoup de tertres qui ressemblent aux kourhany (espèce de tumulus) ukrainiens, dont on devrait peut-être rechercher l'origine dans les toutes premières migrations de la patrie commune. Sur quelques-uns de ces tertres se trouvent des monuments bien plus récents et qui assurément ont été élevés par des gens d'une autre race.

Les tombeaux des steppes se distinguent les uns des autres, selon la région où on les rencontre. Dans la partie des steppes qui s'étend entre l'Oural et la mer d'Aral, ils sont à défaut d'autre matériaux presque toujours construits en argile. Le temps les détruit plus facilement que les autres et ce n'est que tout à fait neufs qu'ils ont la forme généralement typique en ces contrées d'une coupole ou d'une kibitka kirghize. Aujourd'hui déjà ils sont pour la plupart à l'état de ruines. On en trouve partout, sur les collines, aux bords d'un ruisseau, dans les larges vallées, mais le plus souvent dans les endroits découverts. Plusieurs seulement ont leurs traditions. Ainsi, par exemple, on voit sur la rivière Tourgay, dans l'endroit nommé Matayas, quarante-deux tombeaux appelés en langue tartare *Kry-Khouba*, c'est-à-dire les quarante tertres; deux d'entre eux sont placés au milieu, le reste est disposé en croix par dix de chaque côté. La tradition rapporte que dans ces tombes reposent deux Batyrs avec leurs quarante fils qui jadis s'y seraient battus chacun avec un nombre égal de fils et qui y auraient péri tous.

Les édifices en argile sont habituellement très-vite élevés, pendant l'enterrement même. Les Kirghizes réunis de tous les côtés du steppe, souvent au nombre de plusieurs centaines, les construisent ensemble. Les matériaux sont sous la main; la forme consacrée par l'usage est connue de tout le monde; aussi le monument est-il bientôt prêt, après quoi suit un repas. Le soleil sèche tellement l'argile des steppes qu'elle acquiert une grande dureté, et c'est ainsi que ces monuments restent, relativement à la matière dont ils sont construits, très-longtemps debout.

Les femmes ne peuvent pas assister aux enterrements; elles ne s'occupent que de l'apprêt du repas; les parents sont obligés de pleurer en se lamentant pendant un certain nombre de jours, et de remplir l'air de leurs gémissements, en s'écorchant le visage en signe de douleur. On creuse les tombes de manière qu'on y puisse placer le mort assis.

LE LAC DJALANGATCH

LE LAC DJALANGATCH.

Le steppe possède beaucoup de petits lacs, dont la plupart sont complétement salés. Cependant plusieurs font exception, et le lac Djalangatch se distingue par la douceur de ses eaux. Les bords de tous ces lacs sont tout à faits plats et leur donnent plutôt l'aspect de grandes mares d'eau, que le soleil qui suit les pluies n'est pas encore parvenu à dessécher. Souvent les bords sont couverts de roseaux, et alors, surtout si le terrain est marécageux, des sangliers, qui parcourent le steppe en véritables troupeaux, s'y abritent.

Une multitude d'oiseaux des espèces les plus différentes recouvrent aussi ces lacs, de grandes bandes d'oies, des canards de genres variés, des courlis noirs, des hérons blancs et couleur d'acier, des grues et des flammingues s'y rassemblent en masses; on croirait qu'ils tiennent de véritables meetings dans le désert, et ils sont si peu effarouchés, surtout sur les petits lacs qui sont plus isolés, et où les Kirghizes viennent rarement, que le visage même de l'homme ne les effraye pas, mais semble plutôt éveiller leur curiosité. Sur la mer d'Aral, il faut encore à cette armée ailée ajouter des pélicans, qui du reste se trouvent aussi en grand nombre sur la mer Caspienne. Parfois on y rencontre aussi des outardes.

Les Kirghizes choisissent souvent les lacs comme lieu de campement ou bien s'y arrêtent en route pour se reposer ou pour y passer la nuit. Le Kirghize qui s'apprête à faire un voyage prend toujours deux chevaux avec soi, pour les moins fatiguer en s'en servant à tour de rôle. Les plus riches ont ordinairement en voyage toute une suite avec eux. Comme pour transporter une kibitka il faudrait se servir d'un chameau et qu'on aurait toujours un certain embarras à la dresser et plier, le Biy ou le sultan voyageur emporte donc avec lui une tente légère que sa suite lui arrange pour la nuit. C'est le plus souvent une pièce de soie ponceau que l'on attache à une lance kirghize et dont les bouts sont assujettis à la terre. Au coucher du soleil, les bords des petits lacs, lorsqu'il s'y trouve un pareil campement, s'animent; ici, l'on donne à boire aux chevaux, là on prépare le repas, et, plus loin, les chameaux, habitués dans les caravanes à se suivre à la file, retournent dans cet ordre de leur pâturage, et vous rappellent que vous êtes en Orient.

Les chameaux des steppes, puisqu'il en est question, nous présentent deux espèces : ceux à bosse simple et ceux à bosse double. Les premiers sont presque une exception, tellement le nombre des autres est comparativement grand. L'été, dépourvus de poil, ils sont très-laids; mais, quand l'hiver approche, il leur pousse au cou un poil fort long, d'un brun foncé, et alors ils ont quelque chose de très-grave dans leur physionomie. Ils sont durs à la fatigue, ont, comme on le sait, besoin de peu de nourriture, et se contentent aisément de la plus mauvaise. Un chameau, d'ordinaire, ne peut pas porter plus de six cent cinquante livres, et ce n'est qu'en se trouvant dans les conditions les meilleures qu'il arrive à en enlever sept cent vingt. Quoique son pas soit très-grand, il va lentement, et le cheval le devance toujours dans les marches; on ne peut faire par jour plus de soixante-dix à quatre-vingts kilomètres à dos de chameau, et à peine soixante s'il y a cargaison, tandis que les chevaux kirghizes dont on se sert tous les jours font encore, après plusieurs semaines de marche, sans qu'ils en soient exténués, de cent à cent vingt kilomètres par jour. Aussi, quoique fort estimés et très-soignés, les chameaux ne sont-ils employés qu'au transport des fardeaux ou bien au déplacement des campements; on les loue aux marchands pour des caravanes, et au gouvernement russe pour les convois dans les steppes; mais les Kirghizes leur préfèrent toujours pour monture le cheval. Qui va à dos de chameau témoigne par là qu'il n'a pas un cheval, et on ne manque pas d'y voir une preuve d'indigence. Quoiqu'un chameau coûte plusieurs fois le prix d'un cheval, le Kirghize, dans la crainte de s'attirer le mépris, évite de le monter jusqu'à la dernière extrémité. Les femmes se servent plus souvent de chameaux. En avançant au pas, le chameau berce comme une balançoire ou comme un canot sur la mer, et il faut s'y bien habituer pour ne pas en souffrir; son trot secoue horriblement. On le guide plus avec la voix qu'avec le cordon qui passe à travers ses naseaux, ce qui fait de lui une monture peu agréable. Patient et habitué à porter des fardeaux, il s'agenouille au mot *tchok* et se laisse charger. Mais, quand il se fâche, alors il déverse sur celui qui l'irrite la nourriture à moitié digérée dont son premier estomac est toujours rempli, ou bien il frappe avec une grande force de ses pieds de derrière. Malgré son air si froid en apparence, les Kirghizes affirment que c'est un animal très-sensible. Ainsi, par exemple, la chamelle qui perd son petit est inconsolable et pousse des gémissements plaintifs pendant de longs mois. Les chameaux ne supportent pas aisément l'hiver kirghize; aussi les maîtresses de maison les recouvrent-elles pendant les grands froids de gros draps et les soignent-elles à l'égal de leurs enfants.

Quant au cheval kirghize, il passe parfaitement bien l'hiver en plein air et endure toutes les fatigues d'une manière surprenante. Point du tout beau, d'une charpente le plus souvent très-osseuse, il a les pieds gros et très-velus, et ne se distingue pas par une grande vélocité. Autant que son maître, il est attaché à son pays d'origine, et il est arrivé bien souvent qu'un cheval acheté dans les steppes et emmené à plusieurs dizaines et même centaines de kilomètres profitait du premier moment de liberté pour quitter le nouveau séjour et la bonne écurie afin de revenir à son haras. Il serait difficile à dire quel est l'instinct infaillible qui le guide. Mais c'est un fait qui se répète souvent. Habitué à l'herbe des steppes, il s'accoutume difficilement à l'orge dont les Khiwiens nourrissent leurs chevaux, de même qu'à l'avoine; peu sensible au mors, il est si entêté et si rétif de sa nature qu'il n'est pas aisé de le corriger d'un vice, mais il est infatigable.

Aux courses qu'organisent les Kirghizes, on se moquerait d'un espace de quelques kilomètres à parcourir : c'est quarante kilomètres que les chevaux doivent faire, la première dizaine au pas, la seconde au trot, la troisième au galop et la dernière en ayant toute carrière. De pareils chevaux sont dans l'immense steppe un véritable trésor. Ils constituent une véritable race kirghize.

Il se trouve encore au steppe, mais seulement chez les gens riches, une autre espèce de chevaux nommés *Argamaks*. Ce sont des chevaux de la race de Khiwa ou du Troukhmen, qui proviennent d'un croisement de la race kirghize avec la race persane. Ils sont bien plus grands que les chevaux kirghizes, ont de belles formes, le pied plat, le cou long et fin et la tête sèche; ils sont d'une grande rapidité, mais se fatiguent aisément, exigent un entretien bien plus coûteux et on en fait plutôt étalage qu'on n'en obtient de réels services. Leur élève, du reste, constitue un monopole du Khan de Khiwa, et de là vient qu'il n'est pas facile de s'en procurer.

LE MONT AYROUX

LE MONT AYROUK.

Une seule chaîne de montagnes traverse le pays entre la mer Caspienne, celle d'Aral et le fleuve Oural: c'est le Moughodjar, qui depuis l'Oust-Ourt court au nord-ouest vers les monts Ourals, dont le sépare cependant une grande étendue de steppe. Le centre de ces montagnes le plus rapproché de l'Oust-Ourt se nomme *Djaman-tau*; la pointe qui s'avance dans le steppe comme une avant-garde est le *Kara-tau*; le mont le plus élevé est l'Ayrouk.

La chaîne des monts Moughodjar se partage en plusieurs petits rameaux divisant de grandes plaines qui confinent au désert, et qui sont aussi nues et aussi arides que le monde qui les entoure. Ils sont composés par-ci par-là de granit, mais d'ordinaire de porphyre, de grunstein, de grès et de quartz. On y trouve des jaspes multicolores et quelquefois des agates et des chalcédoines. Du côté de l'Oust-Ourt, on a découvert des mines de cuivre et du fer aimanté. Toutes les montagnes sont revêtues d'une couche épaisse de terrain alluvial; c'est pourquoi elles affectent généralement des formes arrondies, dont la monotonie d'aspect n'est que rarement interrompue par une saillie de pierre ou un fragment de rocher.

Des rivières et des ruisseaux prennent en grand nombre leur source dans ces montagnes; aussi l'eau est plus commune que dans les autres parties du steppe, l'herbe plus touffue, et toute la flore plus riche. Quoique les montagnes soient le plus souvent couverte d'une herbe petite et courte, on y trouve plusieurs espèces de pyrôles, d'avoine sauvage et principalement des plantes farineuses et amidonneuses. Aux bords des rivières et des ruisseaux, on rencontre souvent des arbustes, de beaux buissons d'églantines en fleur, des mûres, des groseilliers et même des abricotiers sauvages; en quelques endroits, le cassis odoriférant et de grandes touffes d'osier embellissent par leur variété ces parages; les fraises et les caprons n'y manquent pas. Cette partie du steppe renferme, à cause de sa végétation moins chétive, le plus d'aouls kirghizes. Mais ces lieux se prêtent aussi le mieux au brigandage, et c'est là qu'on peut entendre à ce sujet d'interminables récits.

Les Kirghizes sont des pasteurs, l'élève des troupeaux est leur principale occupation, les chevaux et les moutons sont toute leur fortune, et par là même un objet d'envie et de convoitise générale.

Il n'y a que très-peu d'années encore que tout ce qu'il y avait de jeune et d'entreprenant dans le steppe s'occupait de rapine, ce qu'on appelait *baranta* : on partait à cheval enlever des bestiaux aux aouls lointains d'une tribu ennemie. Ces entreprises donnaient lieu aux plus étranges épisodes, elles exigeaient de l'adresse, de la présence d'esprit et une parfaite connaissance des localités; parfois elles présentaient de grands dangers. Aussi les chefs d'expéditions pareilles acquéraient-ils souvent le titre de Batyr, et le Kirghize se vantait d'être voleur.

Pendant nos expéditions à travers le steppe, nous avions toujours des guides pour ne point nous égarer dans le désert. L'un d'eux, nommé Kouzoumbay, âgé à peine d'une quarantaine d'années, assez petit, mais d'une forte carrure, rusé et très-agile à cheval, avait été, il y avait peu de temps, un de ces voleurs renommés. En nous rapprochant de l'Ayrouk, il nous montrait les endroits où la fortune lui avait fait faux bon, car, poursuivi et atteint par ceux qu'il volait, il manqua payer de sa vie son audace. Sur nos demandes réitérées, il nous raconta ses aventures dans les termes suivants :

« J'avais à peine douze ans, quand je m'enrôlai pour la première fois dans une expédition pareille. Nous nous rassemblions un à un de nos différents aouls, puis notre nombre augmentait rapidement, car tout homme qui en avait le désir pouvait y prendre part, s'il était courageux et vaillant. Nous étions toujours armés de nayzas (longues lances kirghizes), de carabines, de sabres et de nahaykas. Nous rôdions autour des aouls en tâchant de découvrir le bétail, les chameaux ou les chevaux qu'il nous était possible d'enlever, et il nous arrivait d'emmener ainsi plusieurs douzaines de chevaux. Nous opérions au loin pour qu'il fût moins facile de nous reconnaître. Quand je campais aux bords de l'Emba, je volais dans le voisinage de l'Irghize. »

« — Dans quelle saison vous rassembliez-vous pour ces expéditions? » lui demandai-je.

« — Toutes les saisons étaient bonnes. Nous faisions la baranta non-seulement l'été, mais aussi l'hiver : plus d'une fois nous retournions aux aouls les mains et la figure gelées; mais, quand on avait réussi à amasser un butin considérable, on ne faisait attention à rien. Souvent on restait plusieurs jours sans manger, la petite provision de *krout* (fromage kirghize, fait avec du lait de brebis) qu'on emportait de la maison, s'épuisait bien vite... Il fallait patienter et attendre. En revanche, quand l'expédition était heureuse, on se régalait à satiété. Quand on avait découvert des troupeaux, il fallait rester couché toute la nuit dans un ravin voisin, et se tenir bien caché pour pouvoir les surprendre à l'aube, car c'est alors que l'homme résiste le moins au sommeil et que les bergers sont par conséquent moins vigilants. »

« — Et ces exploits restaient-ils toujours impunis? »

« — Oh! que non, répondit Kouzoumbay; cela finissait de diverses manières. Je me rappelle qu'une fois nous étions cinq, les chevaux que nous convoitions passaient tout auprès de l'aoul. On ne pouvait tuer le pâtre, parce que c'est un grand péché. On essaye d'ordinaire de l'enlever et de l'emmener à une ou deux dizaines de kilomètres pour qu'il ne puisse pas avertir les siens; mais cette fois-là nous ne réussîmes point; le berger s'échappa. Nous eûmes alors peur pour nous-mêmes. L'un des nôtres s'écria : « Kouzoumbay, Kouzoum« bay, il faut consulter le sort. — C'est bien, » dis-je; et armant mon couteau, je lançai mon cheval au grand galop et frappai le plus beau poulain au côté; il tourna sur lui-même, fit quelques pas et tomba raide, la tête tendue en avant. « Maudit pâtre, dit un de mes compagnons, « probablement qu'il a déjà prévenu tout le monde de l'aoul, on va nous poursuivre. » Et il disait vrai, car, s'il en eût été autrement, le poulain serait tombé la tête en arrière. Nous vîmes tous que cela tournerait mal, mais il y avait plus de cent chevaux, comment abandonner un si rare butin? Nous piquons donc les chevaux, et nous nous sauvons au plus vite. Rien n'y fit; l'augure devait se réaliser. Le pâtre, en arrivant à l'aoul, avait dû s'écrier : *At-tam, at-tam* (à cheval), comme on le fait toujours en pareille occurrence, puisqu'une masse d'hommes se précipita à notre poursuite. Nous les entendions dans le lointain, bientôt nous les entrevîmes déjà, et par malheur nos chevaux commençaient à se fatiguer. Que faire alors? Nous avions beau les pousser en avant, cela ne nous avançait guère. Par bonheur, ceux qui nous poursuivaient n'avaient pas plus de chances que nous. Au moment de nous atteindre, tous les chevaux étaient tellement épuisés, que nous ne pouvions les fuir, ni eux nous poursuivre. Nous descendîmes donc de cheval, et continuâmes la route à pied. Ils firent de même; nous ne nous perdions point de vue. L'un de nos compagnons, qui avait le meilleur cheval, après avoir fait un bout de chemin à pied, remonta de nouveau; un de nos ennemis fit de suite la même chose; nous nous observions mutuellement, espérant profiter d'un moment propice. Enfin l'un d'eux s'écria : « Qu'avons-nous à nous battre « et à nous entre-tuer? Luttons plutôt. Que ceux qui auront le dessus restent maîtres des « chevaux. — C'est bien, » répondîmes-nous. Nous nous rassemblâmes tous, on se plaça en cercle et on convint des conditions de la lutte. Il fut décidé que les deux partis se placeraient à cinquante toises de distance et que la lutte s'engagerait. »

« — Quel parti fut donc favorisé par le sort? »

« — Le bonheur était balancé, dit Kouzoumbay, les combattants diminuaient des deux côtés. Je tombai meurtri et étourdi; mais, quand je repris connaissance, je vis qu'il n'en restait plus que deux qui luttaient. Je me glissai doucement vers eux; j'enroulai une corde autour des jambes de notre adversaire, et je le tirai à moi; il chancela et chuta. Nous le rouâmes de coups, et restâmes ainsi maîtres du terrain et de tout le butin. Après avoir dépouillé à nu les blessés, nous continuâmes notre chemin. Mais nous étions aussi épuisés et à bout de nos forces. Nous parvînmes à nous traîner péniblement jusqu'à un cimetière voisin pour nous y reposer. Heureusement que nous aperçûmes un petit lac tout auprès; nous y entrâmes et nous nous y plongeâmes jusqu'aux oreilles : c'est le moyen le plus efficace contre les blessures et les meurtrissures. Le lendemain, nous étions parfaitement guéris. »

« — Et que devinrent ceux qui vous avaient poursuivis? »

« — La pitié s'éveilla en nous après le bain froid, et deux d'entre nous revinrent sur leurs pas pour voir s'ils vivaient encore; mais nous ne les trouvâmes plus sur les lieux de la lutte; eux aussi, ils cherchaient de l'eau, et ayant retrouvé un peu de force, ils s'étaient traînés vers des roseaux qui croissaient dans le voisinage, et c'est là que nous découvrîmes leurs traces. « *E Salam moleykyoum* ! » crièrent-ils en nous apercevant; et, nous saluant comme des amis, ils nous suppliaient de ne point les laisser mourir de faim. Je revins vers les nôtres et leur exposai la triste position de ces gens. On résolut de leur envoyer cinq chevaux et un peu de krout, pour qu'ils eussent de quoi se fortifier; puis nous continuâmes notre route. Nous en avions encore pour neuf jours, il fallait donc se dépêcher. Nous manquions de nourriture, car les provisions que nous avions emportées de la maison s'étaient épuisées; mais nous avions les poulains et les chevaux conquis, et nous banquetâmes presque comme des sultans. »

« — Comment fîtes-vous pour faire bouillir la viande sans chaudrons? »

« — Dans des cas pareils, on fait ce qu'on peut, répondit Kouzoumbay. Quand nous campions la nuit, on tuait d'ordinaire un poulain; avec nos mains ou nos sabres, nous creusions une fosse profonde que nous garnissions abondamment d'herbe; sur cette herbe on étalait la viande, qu'on recouvrait de terre, et au-dessus, on allumait le feu. Les poulains, fatigués par la marche du jour, donnaient une viande tendre et succulente, et, préparés de cette manière, ils étaient meilleurs même que bouillis. Nous banquetâmes ainsi pendant neuf jours, et il n'y a que des sultans qui peuvent se permettre du poulain aussi souvent. »

« Certains Kirghizes, ajouta Kouzoumbay, abattent les chevaux qui s'épuisent en route. Je n'ai jamais agi de la sorte; je les remettais en liberté pour qu'ils pussent regagner leur aoul après s'être reposés, et j'y trouvais mon compte. Nos expéditions ne nous réussirent pas toujours, continua Kouzoumbay, en train de faire des confidences. Un jour que nous étions une quarantaine à battre la campagne, ayant découvert un haras considérable, nous voulûmes nous en emparer, et le fîmes entourer par une moitié des nôtres, tandis qu'avec l'autre je fondis au point du jour sur le haras en poussant des cris féroces. Les chevaux des steppes, habitués à la voix humaine, s'élancèrent dans notre direction, mais les propriétaires nous poursuivirent, et il fallut se battre pour tout de bon. L'un de mes compagnons périt; je fus au nombre de ceux qui échappèrent, en abandonnant toutefois les chevaux. »

« — Et toi, n'as-tu jamais été blessé? »

« — Oh! que si! Dans une escarmouche un assaillant se jeta sur moi. J'épaule ma carabine, je vise et veux presser la détente, voici que je m'aperçois que mon arme n'est point chargée; vite je cingle mon cheval avec ma nahayka et m'élance au galop. Mais je n'échappai point à mon sort : je fus cerné et atteint; l'un de mes ennemis visa mon œil de sa nayza; je me couvris de ma main, mais il me fallut, en cette circonstance, payer cher mon audace.

Et il nous montra une large cicatrice à sa main.

« Souvent les baranta donnaient lieu à des aventures risibles, reprit Kouzoumbay. Une fois nous nous rendîmes maîtres de quatre-vingts chevaux, et, pour mieux nous mettre à l'abri de la poursuite, nous nous séparâmes en deux bandes; nous étions cinq, et moi et un compagnon nous eûmes la plus petite part, trente-cinq chevaux seulement. Nous les chassons donc devant nous. Voici qu'après une course de quelques lieues, nous apercevons des hommes et des chevaux à côté de grands feux. Le voleur a peur de son ombre même; nous nous imaginons que ce sont des ennemis, et en force. Qu'entreprendre? Nous regrettions de perdre notre butin. Nous résolûmes donc de nous sauver par un coup d'audace. Nous décrivîmes de grands cercles, et, ensuite, poussant des cris perçants, nous lançons nos chevaux vers le campement. Les hommes s'enfuient, terrifiés, et nous nous emparons des chevaux, plus nombreux que les nôtres. A l'aube, cependant, les propriétaires nous rejoignirent, et il se trouva que c'étaient nos compagnons avec l'autre portion du butin. L'un d'eux avait dans sa poitrine un *yaman* (c'est-à-dire l'esprit malin) qui se débattait péniblement à l'approche de la moindre panique. C'est pourquoi ils s'étaient enfuis; nous ayant reconnus, ils venaient nous faire des reproches de leur avoir causé tant d'effroi. Nous ramenions ensemble notre butin très-heureusement. C'était en hiver, le temps était beau, le vent n'effaça point nos traces. Le troisième jour, nous fûmes rejoints par les gens qui nous poursuivaient et qui n'avaient pas perdu notre piste. Seulement ils étaient bien moins nombreux que nous; donc nous en vînmes facilement à bout. Nous les jetâmes à bas de leurs chevaux, et, les ayant dépouillés de leurs meilleurs habits, nous les laissâmes retourner chez eux à pied. Si cela se fût passé en été, nous les aurions laissés tout nus, en leur donnant seulement, ainsi que c'est l'usage chez nous, un briquet pour pouvoir faire du feu; mais l'hiver, j'eus pitié d'eux et leur abandonnai une partie de leurs vêtements. Peut-être même que c'est grâce à ce bon mouvement que je parvins heureusement chez moi. »

« — Et n'as-tu jamais été pris toi-même? lui demandai-je. »

« — Au contraire, répondit-il; un jour je fus attrapé non loin de l'Ayrouk, aux bords de la petite rivière *Yakchy-Kayrakty*. Après m'avoir roué de coups, on me mena garrotté à l'aoul, l'on me mit des fers aux pieds comme on en met aux chevaux, et on me jeta dans une kibitka à part. J'y restai couché pendant vingt jours, fort tourmenté par la faim, car on ne me donnait qu'un tout petit peu d'*ayran* (boisson faite avec du lait de brebis) et on me menaçait de me tuer, si bien que j'étais sûr de mal finir. »

« — Comment t'échappas-tu? »

« — Une jeune fille me secourut, réplique-t-il. J'étais jeune alors, elle eut pitié de moi, et vint une nuit me dire : « Tu es au pouvoir de mon père, et sous peu les miens t'égorgeront; « mais tu me fais de la peine, et je veux te sauver. » La nuit suivante, elle me prépara en cachette un cheval, deux terrines de krout, et me glissa dans la main la clef de mes chaînes; j'ouvris le cadenas, et pris la fuite. Le onzième jour, j'arrivai sain et sauf à mon aoul, où l'on me croyait déjà *oulgane* (c'est-à-dire mort) ». « C'était une bonne jeune fille, ajouta Kouzoumbay, elle se nommait *Aykanym*. Son visage était gracieux, ses cheveux longs et noirs comme l'aile du corbeau. Je ne l'oublierai jamais. Maintenant tout l'aoul la pleure, car elle est morte. »

« — Ne l'as-tu donc jamais rencontrée? » lui demandai-je.

« — Si; parce que j'assistai par hasard à sa noce, répondit-il; elle me reconnut, et moi j'envoyai de suite chercher à la maison un khalat en soie, que je lui offris; depuis je ne l'ai plus revue. »

« — Pourquoi ne l'as-tu point épousée, si elle était si bonne? »

« — On me l'aurait refusée, dit-il; je n'osais plus me montrer chez les siens; j'aurais dû la voler comme les chevaux, mais elle n'y aurait pas consenti, puisqu'elle en aimait un autre. »

J'ai relaté ici les récits de Kouzoumbay, qui peignent la vie des Kirghizes mieux que de longues descriptions.

Les baranta, qui étaient autrefois très-fréquentes, presque continuelles même, deviennent de plus en plus rares. L'administration russe a introduit un certain ordre qui donne un caractère plus paisible à l'existence bruyante et aventureuse d'autrefois. Kouzoumbay, qui, pendant quinze ans, avait été l'un des principaux meneurs, nous répondit, quand nous lui demandâmes ce qu'il pensait d'un genre de vie pareil, et s'il voulait le reprendre :

« — Oh! non. Ce métier de voleur est un vilain métier. Le chien est misérable et encore court-il droit devant lui; le voleur, au contraire, est tel qu'une antilope qui promène des regards inquiets de tous côtés, qui bondit et s'enfuit. Non, je ne veux plus reprendre ma vie d'autrefois, je suis un honnête homme; aussi le gouvernement russe m'a-t-il donné une médaille d'or et ai-je été nommé chef de l'aoul. Avec le temps, je deviendrai même biy, c'est-à-dire noble.

CUST - OURT

L'OUST-OURT.

Il est une région plus inhospitalière, plus désolée qu'aucune autre partie du steppe. Vainement les flots qui la recouvraient l'ont abandonnée, il demeure néanmoins visible qu'elle n'était pas destinée à l'homme. L'âme est troublée au spectacle d'une nature qui semble inachevée, tellement toute vie lui fait défaut. Ce coin déshérité de la création, c'est l'Oust-Ourt.

On appelle ainsi le plateau qui sépare la mer d'Aral de la mer Caspienne, et qui s'étend sur un espace d'environ 400 kilomètres. Les mentions des écrivains de l'antiquité qui placent une vaste mer à cet endroit, et ce rare phénomène que la surface de la mer d'Aral soit plus haute de 110 pieds que la mer Caspienne, ont été la cause de recherches sérieuses sur la question de savoir si, à l'origine, les deux mers n'en formaient pas qu'une seule, et si elles n'ont pas été divisées par un cataclysme de la nature. On a avancé diverses théories concernant le passé géologique de ces contrées, mais celui à qui il a été donné de les visiter ne peut garder le moindre doute à cet égard. Là était le fond d'une mer, et l'Oust-Ourt en a conservé jusqu'à nos jours les caractères distinctifs. C'est une plaine tout unie, formée d'une argile blanche ou plutôt jaunâtre, crevassée par l'excessive chaleur, dénuée presque entièrement de verdure, au point qu'on y trouve à peine çà et là de maigres pieds d'absinthe desséchée.

Dans cette plaine, sans eau et déserte, s'élève le plateau que les indigènes appellent Oust-Ourt; il forme à son sommet une seconde plaine, semblable à celle qu'il domine et tellement unie et plate, qu'en tirant une ligne droite horizontale depuis les bords de la mer d'Aral, puis en la faisant descendre à 30 toises et la continuant toujours dans la direction horizontale vers la mer Caspienne, on pourrait dessiner pour ainsi dire le profil complet de cette contrée. La hauteur même se découpe en demi-cercles qui semblent autant de golfes que viendraient baigner les vagues de la plaine, tandis que les extrémités s'avancent bien loin dans les steppes comme des promontoires. Ces promontoires, que rien ne différencie entre eux, sont formés d'une argile durcie, mêlée de gypse et quelquefois de grès, dépourvus de toute végétation et soit d'un blanc jaunâtre, soit parsemés de cailloux très-fins. Chacun d'eux a son nom particulier, comme l'*Ak-diourt-koul* (les quatre angles blancs), le *Kos-ak-diourt-koul*, etc.

L'endroit que nous avons représenté s'appelle l'*Aral-bay*, ce qui signifie la baie d'Aral; il est possible que les eaux soient restées là plus longtemps et que cette dénomination en ait transmis le souvenir. C'est, si on peut s'exprimer ainsi, plus qu'un désert. Il n'y a là d'autres habitants que de petits lézards très-plats, au dos grisâtre, au ventre d'un blanc de lait, inoffensifs, très-agiles; en quantité innombrable dans cette solitude, ils s'abritent dans les crevasses profondes de ce sol desséché.

La seule plante de l'Oust-Ourt, nommée par les indigènes *Irtezek*, a un tronc qui atteint une grosseur de deux à trois doigts et une hauteur de plusieurs pouces; au sommet du tronc, de grosses feuilles charnues et roulées comme un crayon sont projetées dans tous les sens, ainsi que les rayons qui partent du centre d'une sphère; quand la plante a des feuilles en abondance, elle présente l'aspect d'une boule régulière; mais, quand elle n'a qu'un feuillage chétif, elle ressemble à une petite étoile verte. Elle est si amère que non-seulement les moutons du steppe, mais même les chameaux la dédaignent; les Kirghizes, qui connaissent parfaitement leur flore si pauvre et surtout les plantes nécessaires à leurs chevaux et à leurs bestiaux les Kirghizes, dis-je, méprisent l'irtezek.

Si aride que soit l'Oust-Ourt, on y rencontre des puits distants les uns des autres de plusieurs dizaines de kilomètres et creusés sans doute par les soins de quelques chefs dans des temps reculés; maintenant ces puits présentent l'aspect de fossés remplis d'une eau saumâtre et mêlée d'argile. Les Kirghizes connaissent l'emplacement de chacun de ces puits, car, quoiqu'ils soient irrégulièrement distribués dans le steppe et que leur eau ait un goût détestable, ils sont un grand bienfait dans le désert. Un peu de verdure croît toujours sur leurs bords; la réglisse étend ses petites feuilles rondes, des roseaux s'y montrent, mais rarement, et il arrive même que le *tchyj* panaché s'y balance au gré du vent. On rencontre dans ces pauvres oasis kirghizes de curieux insectes, et parfois quelque petit oiseau qui s'égare jusque-là.

BAIE DE NOVO-PETROWSK

LA BAIE DE NOWO-PIETROWSK.

La presqu'île du Manghichlak, qui est située sur la rive nord-est de la mer Caspienne, possède beaucoup de baies, dont la plus avantageuse est formée par le cap Tioup-Karagan qui s'étend au loin dans la mer. Le fort de Nowo-Pietrowsk, qu'on y a construit il y a quelques années, a donné son nom à la rade, qui, avec le temps, doit devenir un port pour le commerce de l'Europe avec l'Asie centrale. On sait que la mer Caspienne n'a pas de marées; aussi les côtes basses qui entourent la rade ne sont jamais submergées. Le Manghichlak, dont la couche supérieure se compose d'un terrain calcaire d'une centaine de mètres d'épaisseur, est un véritable désert. L'endroit choisi pour le fort présente tout à fait le même caractère. A trois kilomètres de la mer, s'étend une chaîne de collines grises et désertes, formées également de calcaire, sur lesquelles on a construit une petite forteresse des steppes.

De la rade jusqu'au pied de la petite forteresse, s'étend un terrain absolument plat et sablonneux, et sur lequel brillent au soleil deux petits lacs, tous les deux complétement salés. L'un est blanc à cause de l'épaisse couche de sel dont il est recouvert, comme s'il était pris par les glaces, et l'autre, entouré de blocs et de cristaux de sel, a une charmante couleur amarante qui, aux rayons du soleil, lui donne des teintes violacées. On attribue ce phénomène à des animalcules microscopiques qui remplissent ce petit lac. Entre la forteresse et ces petits lacs, se trouve encore un vieux cimetière kirghize. A proximité de la rade, on a construit, sur une mince langue de terre composée de sable et de coquillages, baignée par l'écume des flots, une rangée de petites maisonnettes pour les colons d'origine russe. Ils reçoivent la farine et tous les comestibles de la forteresse, car il leur manque même la place pour le plus petit jardin. Ils s'occupent de la pêche, qui suffit à leurs autres besoins.

Le petit fort est bâti en calcaire qui répond complétement aux besoins locaux et présente d'excellents matériaux de construction. La garnison est ravitaillée par Astrakhan; elle en tire tout, même le foin des chevaux; mais peu à peu commencent à arriver au fort des caravanes de Khiwa et de la Boukharie.

Les navires qui croisent continuellement entre Astrakhan et Nowo-Pietrowsk transportent leurs marchandises sur le Volga et dans l'intérieur de la Russie, et ainsi se développent par degrés les rapports commerciaux avec l'Asie centrale et leur importance augmente. Les glaces, en recouvrant l'hiver les côtes dans cette partie de la mer Caspienne, empêchent toute communication avec Astrakhan et le bord opposé, et entravent en partie le commerce, mais c'est un inconvénient commun à tous les ports du Nord. Le Manghichlak par lui-même, et à cause de la qualité de son sol, présente peu de ressources, mais il serait le trait d'union naturel avec les contrées plus éloignées. On prend sur les côtes de Nowo-Pietrowsk un très-grand nombre de phoques, dont la graisse est un article de commerce. De tout petits navires des marchands d'Astrakhan croisent entre ce port et le Manghichlak. Les bateaux à vapeur de l'Etat, en passant par Gouriew à l'embouchure de l'Oural, communiquent avec Orenbourg et servent à rattacher ces localités à l'autorité centrale qui se trouve dans cette dernière ville. L'hiver, en cas de besoin, les Kirghizes font à cheval le tour de toute la partie nord de la côte, et rapportent ainsi des nouvelles. Le terrain est en général tellement imprégné de sel qu'on n'y découvre pas d'eau vraiment potable. Il faut s'habituer à en faire usage si l'on veut pour ne pas en souffrir, et pour le thé on en apporte par mer d'Astrakhan. Malgré cela, les jardins potagers qu'on a arrangés autour du fort prospèrent, mais ils exigent beaucoup de soins et doivent continuellement être arrosés.

Primitivement, on avait pensé à jeter ailleurs les fondements d'une nouvelle forteresse. C'est la baie de Koultouk qui avait été choisie et qui avait vu s'élever sur ses bords les murs de Nowo-Alexandrowsk. Toutefois, on ne tarda pas à se convaincre que la quantité de poissons morts que les flots apportaient chaque printemps en rendait le séjour impossible, en produisant des exhalaisons pestilentielles. On dut donc songer à un autre emplacement, et l'on opta pour celui que la forteresse occupe aujourd'hui.

Le Manghichlak avait déjà attiré l'attention de Pierre Ier, qui voulait pénétrer par là au cœur de l'Asie centrale. C'est dans ces parages, en effet, que débarqua l'expédition de Bekovitch, qu'attendait un si malheureux dénoûment.

LE ROCHER DU MOINE

LE ROCHER DU MOINE.

Non loin de la rade de Nowo-Pietrowsk, s'élève, sur le rivage pierreux et escarpé de la mer, un rocher de vingt-quatre pieds de hauteur, qu'on nomme, à cause de sa forme, le Moine. On croirait voir le gardien en pierre du désert; rien ne l'entoure que des roches éparses et la mer qui mugit au bas.

Les habitants du fort, privés, pendant tout l'hiver, de tous moyens de communication avec le rivage occidental de la mer et bien impatients d'avoir des nouvelles du monde dont ils sont séparés, viennent ici au printemps lorsque les glaces ont disparu, et du sommet du rocher ils cherchent des yeux cette première voile blanche dont ils désirent si ardemment l'apparition. Ils peuvent d'ici l'apercevoir facilement, car le rocher du Moine domine les autres escarpements de la côte; mais nul vaisseau, pas le moindre canot de pêcheur, n'aborde au pied même de cette montagne, tellement les eaux environnantes sont remplies de rochers sous-marins.

Un loup à la recherche d'un cadavre vient y rôder parfois, l'aigle y agite ses ailes, le voyageur qui s'y trouve seul sent son imagination saisie d'un vague effroi et s'attend à des apparitions fantastiques, et ce lieu désert et lugubre lui paraît destiné à un sabbat de sorcières.

LE JARDIN DE MANGHICHLAK

LE JARDIN DE MANGHICHLAK.

Non loin du rocher du Moine, une centaine de mûriers, la plupart aux formes étranges, croissent dans les crevasses d'une épaisse couche de calcaire. On ignore qui les a plantés. Ce seraient les Troukhméniens, anciens possesseurs de cette région, qui auraient pris ce soin, s'il faut en croire les Kirghizes, qui n'avancent du reste aucun nom, ni ne citent aucune date à l'appui de leur opinion. Ces arbres sont assez gros; leur feuillage est épais; sans doute qu'ils trouvent sous les rochers dont ils paraissent accablés des sources d'eau, grâce auxquelles ils ont pu fleurir ainsi sous un ciel brûlant, dans une région qui n'est nullement boisée.

Depuis la construction de la forteresse de Nowo-Pietrowsk, on a tiré profit de cette situation, on a creusé des escaliers dans la pierre molle, on a jeté de petits ponts, on a même taillé un berceau dans la roche calcaire, et ainsi s'est formé là un jardin, unique peut-être dans son genre, appelé jardin d'Alexandre.

On a tenté d'y acclimater diverses plantes, et ces essais ont réussi pour la plupart. En y mettant beaucoup de sollicitude et d'application et en arrosant fréquemment, on pourrait peut-être y faire pousser des vignes. Tel qu'il est, ce jardin serait un véritable bienfait pour les habitants de la forteresse, s'il en était plus rapproché.

Actuellement, il n'est qu'une curiosité; car, au milieu des ardeurs de l'été, personne ne parcourt plusieurs kilomètres pour aller chercher de l'ombre; ce jardin est donc presque toujours désert, et la mer qui vient en battre le pied interrompt seule le silence qui y règne.

UN RAVIN AU MANGHICHLAK

UN RAVIN AU MANGHICHLAK.

La couche calcaire dont se compose la surface du Manghichlak forme, en beaucoup d'endroits, autour de la forteresse de Nowo-Pietrowsk, des ravins tapissés extérieurement de rochers, dans les interstices desquels végète parfois un chétif arbuste. C'est là que les pâtres mènent de préférence leurs petits troupeaux, car ils ont beaucoup de chances d'y rencontrer un puits creusé dans la roche calcaire, avec une auge faite de la même pierre, et d'y jouir d'un peu d'ombre.

Les troupeaux sont composés exclusivement de moutons, parce qu'il n'y a point là de pâturages pour les chevaux.

Les moutons kirghizes forment une race à part; ils ont les pieds hauts et forts, et accomplissent avec facilité de grands voyages; leur laine est longue et épaisse; ils résistent parfaitement au froid, passent tout l'hiver à ciel découvert, et trouvent eux-mêmes leur nourriture sous la neige. Au lieu de queue, ils ont ce que les Kirghizes appellent *kourdiouk*, sorte d'excroissance de la forme d'un coussin et dont la graisse remplace, dans le steppe, le beurre, et est un objet de commerce. Un mouton de grande taille porte une quarantaine de livres de cette graisse; elle est surtout estimée lorsqu'elle provient des petits moutons appelés *kourgachki*, car alors elle est très-délicate.

Dans toute l'étendue des steppes, ce qui constitue la richesse des pasteurs, ce sont ces bêtes à laine; leurs peaux, employées en Russie comme fourrures, sont appelées *sak*.

Il est à noter que les éleveurs de bestiaux qui habitent le versant droit de l'Oural, c'est-à-dire le versant européen, ont essayé maintes fois, sans pouvoir y jamais réussir, d'acclimater chez eux cette espèce de moutons qui, privés de la nourriture du steppe et transportés au delà de l'Oural, ne tarderaient pas à s'abâtardir entièrement; après une couple d'années, au plus, ils perdraient leurs kourdiouk ainsi que leur graisse.

KHANGA-BABA

KHANGA-BABA.

Tel est le nom d'un ravin situé à trente kilomètres de la forteresse de Nowo-Pietrowsk. Ce qui le distingue des autres, c'est qu'on y rencontre des mûriers. Quelques troncs, desséchés à la vérité, mais de grosse taille, témoignent qu'avec des soins attentifs la végétation pourrait s'y développer, du moins dans quelques endroits. Dans le voisinage de ces troncs séculaires on trouve les ruines de la maisonnette de Khanga-Baba, qui a donné son nom à cette localité. Cette maisonnette est construite en pierre; elle renferme une dizaine de petites chambres; la plus grande, située au milieu, et de forme arrondie, repose sur des piliers; des espèces de niches y sont pratiquées dans le mur. Jadis, ce fut peut-être une école ou bien un lieu de prière pour le propriétaire. Ce propriétaire était honoré comme un saint par les Troukhméniens, qui anciennement pénétraient jusque-là, et cette place est aujourd'hui encore en grande vénération. Des pieux, plantés aux angles de ces ruines, et quelques têtes de chameaux en sont la preuve. Il est probable qu'il a lui-même planté ces arbres, ou du moins qu'il les a entretenus, car autour de cette maisonnette il reste des traces de culture qui subsistent, on le sait, fort longtemps. Visiblement, il a tenté d'y répandre l'agriculture, et il a dû y creuser, dans les ravins, des puits assez nombreux qui, étant un véritable bienfait au milieu de l'aridité du steppe, suffiraient déjà pour mériter à son nom les bénédictions de la postérité. On découvre sur les collines d'alentour, et bien loin dans la vallée, une foule de tombeaux; il paraît que, suivant leur usage, les Kirghizes se sont fait enterrer là dans le voisinage d'un saint.

Les Kirghizes n'en savent pas long au sujet de leurs saints; ils révèrent en eux ce qui, suivant leurs idées, est le plus digne de respect. Quand on leur demande si, aujourd'hui, quelque saint homme vit parmi eux ou bien en quelque endroit de la Chine ou de la Boukharie, ils répondent toujours que non, que le temps en est passé.

Qui sait si Khanga-Baba n'a pas été l'un des législateurs de cette contrée? Il paraît, en tout cas, avoir contribué à introduire chez les Kirghizes le code qui, bien que non écrit, a formé longtemps leur droit coutumier, appliqué dans tout le steppe. Il n'existe cependant à cet égard aucune donnée précise. Quoi qu'il en soit, puisque nous parlons du tombeau d'un homme vénéré par les Kirghizes, il ne sera pas hors de propos de dire ici quelques mots de ce droit coutumier, d'après lequel les biy décidaient toutes les causes et prononçaient les peines.

Il était reçu en principe général que celui qui avait commis un crime ou fait tort à quelqu'un devait donner satisfaction ou bien se racheter du châtiment encouru. Le rachat ou payement du crime ou du tort commis, véritable prix du sang, s'appelle, en langue kirghize, *koun*, et, comme tous les payements dans le steppe, ce *koun* doit être soldé en moutons. Ainsi, il était universellement reconnu que le meurtre prémédité d'un sultan se payait quinze cents ou deux mille moutons; celui d'un simple biy un millier, et ainsi de suite, le nombre des moutons diminuant toujours jusqu'au meurtre du pauvre baygouche. Quand il avait tué sa femme, le Kirghize payait autant que s'il avait tué un homme étranger. La femme qui avait tué son mari subissait la peine de mort; il en était de même du parricide; le Kirghize qui avait tué sa mère payait comme s'il eût tué un homme étranger quelconque. L'infanticide n'est pas puni; le jugement et le châtiment en sont remis à Dieu. Le koun se paye aux plus proches parents et héritiers de la victime; mais s'ils ne veulent pas l'accepter, et exigent la mort du meurtrier, alors le jugement s'exécute sur lui, à moins toutefois que ses parents ne s'y opposent; dans ce cas, l'affaire se termine par un duel à l'arme blanche entre des Kirghizes désignés à cet effet, et le plus souvent l'un d'eux reste sur la place.

Voici comment sont taxées les blessures faites à un homme : si elles entraînent la perte de la vue, de l'ouïe, ou de l'usage des bras ou des jambes, ou que les dents soient cassées, elles sont estimées autant que la vie, et celui qui aurait fait à un homme ces cinq sortes de blessures payerait un koun quintuple de celui du simple meurtre; et, en outre, celui qui a blessé la victime doit la guérir à ses frais avant de payer le koun. La mort par suite de blessures se paye autant que le meurtre ordinaire. Pour chaque doigt coupé, on paye cent moutons. Le vol emporte restitution des objets volés, et de plus une amende de neuf têtes de bétail et l'abandon d'une portion de tout l'avoir, qui est déterminée par le biy. Cependant, le volé ne peut ni garder pour lui le montant de l'amende ni le remettre à ses parents, mais il lui faut le distribuer à des étrangers ou bien aux parents du coupable. Les injures et les coups sont aussi payés par un présent que le plaignant ne peut pas garder pour lui. Le Kirghize qui a engagé la femme d'un autre à fuir avec lui doit la restituer, et payer en outre la neuvième partie de son avoir. Si la femme fuit son mari et habite chez un autre Kirghize, et que le mari la réclame par l'entremise du biy, on lui restitue sa femme, et le coupable est châtié publiquement. Toutefois, dans ces cas-là, le plus souvent on n'avait pas recours aux juges, mais le plaignant se faisait justice lui-même et tirait vengeance des coupables. Après la mort d'un Kirghize, sa femme est obligée absolument d'épouser l'un des plus proches parents du défunt. Il en est de même de la fiancée dont le futur serait mort avant de payer tout le kallym, ou bien qui aurait été exilé pour quelque méfait. Les femmes qui ont des enfants adultes sont exemptes de cette obligation. Le Kirghize à quinze ans se considère comme majeur. Après la mort du père, la tutrice naturelle des enfants est la mère; si celle-ci venait à mourir, la tutelle des orphelins et l'administration des biens passerait aux plus proches parents.

VALLÉE D'AZAZIR

VALLÉE D'APAZIR.

Ce nom embrasse plusieurs vallées qui s'étendent entre les collines et les ravins calcaires du Manghichlak. Elles n'ont pas de caractère qui leur soit exclusivement propre, et elles peuvent d'autant mieux donner une idée de l'aspect général du pays qu'on y rencontre beaucoup d'endroits pareils. Des collines et des rochers s'y succèdent uniformément à perte de vue.

Par-ci par-là, dans un espace, uni on reconnaît un solontchak à éclat de vitre qu'il doit au sel dont il est tout imprégné; plus loin, une place est couverte d'absinthe, et au milieu de ces plis de terrains on distingue de temps à autre un aoul kirghize, un petit troupeau de moutons, ou bien un chameau solitaire, promenant son œil tranquille sur le désert, et c'est tout.

L'absinthe croît si abondamment dans les steppes que l'air y est légèrement embaumé de son parfum pénétrant. Une tradition locale rapporte d'un Kirghize qu'étant par hasard arrivé dans des contrées étrangères, il s'y plut et oublia sa kibitka et sa famille. Les messagers envoyés par ses parents, pour lui persuader de revenir, lui dépeignaient en vain tous les charmes de la vie des steppes, rien n'y aidait; il résistait opiniâtrément et ne se laissait pas fléchir; le koumys même, que les messagers avaient exprès apporté dans un toursouk à part, n'y put rien, et les envoyés, tout tristes, voulaient déjà retourner seuls à l'aoul, lorsque l'aîné d'entre eux tira d'une sacoche de voyage une poignée d'absinthe des steppes. Sa senteur réussit mieux que le son des paroles et le goût des boissons à faire revivre le passé; le fugitif le contempla des yeux de l'âme, il lui apparut si plein de vie qu'il n'y tint pas, jeta tout, abandonna les commodités de sa nouvelle existence, se sentit de nouveau Kirghize et retourna à son aoul.

On rencontre déjà dans les vallées d'Apazir de petits morceaux de terrain cultivé, mais ils sont plus fréquents dans les montagnes. Les Kirghizes y sèment le millet de Khiva, le maïs et un genre de sorgho qui est particulier à ces contrées, qu'ils nomment *dchyghoura* et dont ils font du gruau. Ces terrains sont très-exigus; on les laboure parfois avec une charrue, conduite par un cheval, mais le plus souvent on emploie un hoyau. Sous le ciel brûlant du Manghichlak on peut faire deux récoltes dans l'année, mais seulement à condition qu'on arrose continuellement le terrain. Les Kirghizes qui s'occupent de cette culture microscopique font preuve non-seulement d'une grande patience, mais aussi d'une certaine connaissance de l'irrigation : ils amènent l'eau à leurs petits champs et à leurs plates-bandes de sources qui sont assez fréquentes dans les montagnes. Ils savent la conduire à la distance de six ou huit kilomètres et arrosent de cette façon jusqu'à des vallées entières.

C'est l'influence visible du voisinage de la Boukharie, qui est toute sillonnée de canaux, et qui ne connaît pas d'autre mode de culture que l'irrigation. Partout où se trouve un champ cultivé, le Kirghize reste toujours avec son hoyau à veiller que nul conduit d'eau ne se gâte ni ne soit barré par une pierre; il répare immédiatement le dégât et arrose à tour de rôle les plates-bandes. De pareilles plantations, qui, au milieu du steppe brûlé et aride, ressemblent à de véritables oasis, se trouvent encore sur les bords du Syr-Daria, où l'introduction en est due sans doute à la proximité de Khiva, et où l'abondance d'eau permet de les mener à bien. Les Kirghizes, toutefois, aiment mieux vivre de viande et de laitage que de gruau. Ils sont pasteurs avant tout, et, même dans ces conditions, le labourage leur répugne. Un petit nombre d'entre eux campent, il est vrai, aux environs de leurs champs et s'adonnent à la culture, qui reste néanmoins à leurs yeux une occupation secondaire qu'ils abandonnent à la première occasion. Ils n'aiment, en effet, se fixer nulle part; ils ont besoin de ce mouvement continuel qui est l'essence de la vie nomade. Pour les ramener à une existence sédentaire, il y aurait non-seulement à modifier la nature de ce sol ingrat, mais à opérer dans le caractère de ses habitants une véritable révolution. Ce ne sont pas les procédés des Russes dans ces contrées qui peuvent produire ce miracle. Ils y auront des postes militaires plus nombreux, leurs colons occuperont de nouveaux points près des rivières, le commerce développera ses stations au bord de la mer, et cependant de longtemps le steppe demeurera un océan de sable et de verdure, où l'homme est un accident et tient infiniment peu de place, et le Kirghize transmettra à ses enfants ses goûts errants.

CIMETIÈRE D'AGASPEVAR

CIMETIÈRE D'AGASPEYAR.

C'est un des plus beaux cimetières du Manghichlak; les monts d'Ak-tau, aux teintes blanches, aux formes fantastiques, semblent enlacer comme d'une guirlande la vallée sur laquelle il se déploie; il renferme des tombeaux sans nombre, dont nous reproduisons les principaux; ils se distinguent des autres en ceci que les ornements des frontispices sont taillés en bas-reliefs, et de plus peints en couleurs très-éclatantes. Les mausolées, selon l'usage généralement adopté dans cette partie du steppe, sont construits en pierres menues cimentées avec du sable, de la terre glaise et de la chaux, et entourés de blocs calcaires bien taillés. L'entrée, si basse qu'il faut presque se plier en deux pour pouvoir y passer, reste toujours grandement ouverte. A l'intérieur, quelques simples pierres sépulcrales sans inscriptions, ou même de petites élévations indiquant les fosses, rappellent que ce bâtiment renferme les corps de plusieurs individus, de toute une famille peut-être. Sont-ce là les catacombes des familles de sultans, les tombeaux de quelques chefs ou d'hommes célèbres parmi ces peuplades nomades? les Kirghizes ne le savent point : il n'y a qu'une chose qu'ils affirment avec persistance, c'est que ces monuments remontent aux temps les plus reculés. Les bas-reliefs et surtout les couleurs, parfaitement conservés, sembleraient prouver le contraire, mais le climat est très-favorable à la durée de tout bâtiment, car il est très-sec, les pluies ne visitant ces contrées que deux ou trois fois pendant le cours de l'été; d'autre part, le soleil brûlant donne à la terre glaise la dureté de la pierre.

A côté des grands monuments, il y en a une masse de petits de tous genres : on y remarque le plus souvent une sorte d'obélisques arrondis au sommet et couverts d'arabesques en relief dans le goût oriental. Il est vrai que les matériaux assez mous dont ils sont faits facilitaient le travail, mais les dessins sont si beaux et si purs, l'exécution en est tellement soignée, qu'en les regardant on regrette involontairement qu'ils ne soient point de marbre. Les inscriptions, très-rares du reste, sont en langue tartare. Tout ce qui est en relief sur ces tombeaux témoigne d'un grand goût et d'un soin d'exécution parfait; mais, au contraire, les images qu'on y aperçoit de chevaux, de chameaux, d'arcs, et même de figures humaines, qui sont dessinées ou plutôt creusées avec un outil tranchant, et qui portent le caractère d'un art parfaitement barbare, rappellent d'une façon étonnante les barbouillages des petits enfants, lorsque, à l'aide de quelques lignes droites, ils tracent des chevaux et des bons hommes.

Au sommet de ces obélisques de pierre on trouve d'ordinaire une petite cavité; cela se rattache à une idée belle et poétique de pasteurs vivant toujours avec la nature. Ces cavités sont faites exprès pour que l'eau de pluie s'y rassemble et que les oiseaux, dans cette contrée dénuée d'eau, puissent s'y désaltérer, s'y réunir par bandes et chanter les louanges du Créateur au-dessus des tombes des morts.

C'est au Manghichlak que sont les cimetières les plus considérables. On dirait, à voir leur étendue, qu'ils renferment des générations entières. D'importantes batailles auraient-elles été livrées autrefois ici, ou bien, ce qui paraît le plus vraisemblable, la grande horde qui dominait pendant de longues années la Russie et avait sa capitale non loin des embouchures du Volga faisait-elle enterrer ses morts dans le voisinage de ses saints? Il est certain que les habitants indigènes n'auraient jamais pu peupler ces cimetières. La proximité de Samarkande et de la Boukharie, et autres pays connus autrefois par leurs progrès dans la civilisation, explique d'autre part l'architecture plus soignée des tombeaux élevés dans ces lieux solitaires.

De vastes cimetières existent également près du Syr-Daria. L'un des plus considérables est situé dans le steppe entre l'Oural et la mer d'Aral, aux bords de la petite rivière Tourghay, et s'appelle *Khan-Snak*, ce qui veut dire *ossements du Khan*. Il contient, selon les traditions kirghizes, les os de l'aïeul de ce Mamay qui pilla autrefois Moscou et la Russie. Ce cimetière a une étendue de plus d'un demi-kilomètre carré, et est couvert de monuments dont quelques-uns sont de marbre ou de granit, mais au sujet desquels les habitants du steppe ne savent donner aucun détail.

Le Kirghize fait tranquillement paître ses moutons sur les tombes dégradées de ses Batyrs et de ses Khans, sans guère penser à eux. Chez lui, la chaîne des traditions est brisée, et on n'en trouve les derniers vestiges que chez les vieillards et les conteurs des Irteghié.

[illegible] KAIA

CZIR-KALA.

On nomme ainsi l'une des montagnes de craie qui forment la chaîne de l'Ak-tau ; isolée et s'élevant au-dessus d'une plaine parfaitement unie, elle attire par sa configuration l'attention du passant et se distingue des autres. Ses parois, composées de craie, d'argile et d'un gypse grossier, et hautes de plus de sept cents pieds, s'élèvent perpendiculairement sur la plaine.

La tradition des Kirghizes assure qu'au sommet du Czir-Kala s'élevait jadis un fort dont la garnison avait soutenu un très-long siége et ne s'était soumise que lorsque les ennemis, ayant pratiqué un chemin sous terre, étaient parvenus à un puits qui se trouvait dans l'intérieur de la montagne. Arrivés là, les assiégeants coupèrent toutes les cordes des seaux dont la garnison se servait pour monter de l'eau, et forcèrent par la soif la place à se rendre. Il n'y a pas de Kirghize dans les environs qui ne connaisse cette tradition, mais ils ne savent ni en préciser l'époque, ni même y rattacher aucun nom.

La montagne présente à un certain endroit des traces d'un escalier caché entre deux parois, et qu'il n'était pas difficile d'y tailler, puisque la craie n'est pas une matière dure. Sa cime est tout à fait déserte, par-ci par-là y végète seulement une chétive petite plante des steppes. On ne voit nulle trace d'un passage souterrain ni même de ce fameux puits, et l'on trouve seulement quelques petites grottes, noircies par la fumée, qui devaient servir de lieu de refuge aux *djyguites* (pillards des steppes), et réellement la montagne est un véritable nid d'aigle. On y a dernièrement découvert une vieille cotte de mailles et plusieurs menues pièces de monnaie tatare.

Le Czir-Kala, vu de loin, offre l'apparence d'une masse compacte qui rappelle par ses formes, seulement dans de colossales dimensions, le Panthéon romain, ou quelque autre grand monument de l'antiquité dans ce genre. A mesure qu'on approche, on croit distinguer des pans de murs écroulés et même des colonnes isolées qu'on dirait parfois surmontées de statues détériorées par le temps, tant les dentelures de ces parois de craie sont capricieuses et pleines d'originalité !

TOMBEAU D'UN SANTON KIRGHIZ

TOMBEAU D'UN SAINT KIRGHIZE.

Ce tombeau, situé non loin du Czir-Kala, est, au dire des Kirghizes, celui de *Dalisman*, d'où lui vient son nom de Dalisman-moulla-auljo. Les mots *moulla-auljo* signifient tombeau d'un saint, qualité qu'indiquent aussi en général des perches fixées sur le sépulcre, ou bien des monceaux de crânes de chameaux et de cornes d'*archars*. On nomme archar un genre de mouton des rochers qu'on rencontre dans les monts Ak-tau, et qui a d'immenses cornes. Quoique déposées depuis longtemps sur les tombeaux et déjà gâtées, elles pèsent souvent près de cent livres.

Que fut Dalisman et quand vécut-il? les Kirghizes l'ignorent. L'inscription conservée sur le mur indique que c'était un sultan. Il demeurait sans doute dans une petite grotte éclairée par une ouverture d'en haut que l'on voit près de l'endroit où il est enterré. Les Kirghizes ont un grand respect pour cette place, la regardent comme miraculeuse, y viennent prier et immoler des moutons en l'honneur du saint auquel ils ont recours dans leurs malheurs. La petite grotte, noircie par la fumée, porte des traces de ces offrandes et des repas qu'y font les Kirghizes.

Il y a beaucoup de tombeaux de saints dans le steppe; ils se distinguent toujours des autres par des perches qui y sont fixées. Chaque partie du steppe a ses saints particuliers, et autour de leur tombeau peu à peu s'élèvent des cimetières, car les Kirghizes aiment à s'y faire enterrer. Très-ignorants de leur propre histoire, ils ne connaissent pas mieux la vie de leur saint; aux questions à son sujet, ils répondent d'ordinaire qu'il fut pieux, aida son prochain, mena une vie très-sobre, observa de grands jeûnes, ne prit jamais de koumys, mais seulement de l'ayran, et cela en fort petites quantités. Les Kirghizes, qui se plaisent par-dessus tout à manger, ont la vertu de la tempérance en très-grande estime. Cependant, au fond de leurs idées sur la sainteté, il y a toujours un sentiment moral. Pour être qualifié de Batyr, il suffit de posséder une grande force physique, de l'agilité, souvent même de l'astuce. Il faut, au contraire, pour être reconnu saint, se dévouer, vaincre ses penchants, et servir autrui. Leur conception de la sainteté est celle des peuples primitifs de pasteurs, et ne s'éloigne pas trop de certains récits de la Bible.

L'un des plus beaux mausolées réputés saints est celui d'Aktykien, situé non loin des monts du Mougodjar, car il est couvert d'arbustes. Il est encore remarquable en cela qu'à côté l'on aperçoit le sépulcre de sa fille, nommé Kyz-auljo (tombeau d'une sainte fille), sur lequel croit un bel arbre, avec un nid d'aigle à sa cime. Le sépulcre, entouré de grandes pierres, est vénéré, et une masse de chiffons, de vêtements et d'autres dons de ce genre sont suspendus tout autour comme le sont les haillons aux branches des arbres sacrés. Tout ce qu'on sait de la fille d'Aktykien, c'est seulement qu'elle mourut jeune et vierge.

MONTAGNES DE CRAIE

LES MONTAGNES DE CRAIE.

A une distance de cent cinquante kilomètres de Nowo-Pietrowsk, s'élèvent, au Manghichlak, deux chaînes de montagnes très-différentes entre elles. Dues probablement à l'éruption des forces volcaniques qui séparèrent la mer d'Aral et la mer Caspienne, en créant le plateau d'Oust-Ourt, elles présentent tous les signes des couches successives qui forment dans ces contrées la superficie du sol. La plus récente et la dernière de ces couches est composée de la roche calcaire qui constitue aujourd'hui la surface de la presqu'île. La formation suivante est une couche de craie, à laquelle en succède une de grès vert. Ce sablon produit les monts *Kara-tau* (montagnes noires), nommés ainsi en raison de leur teinte sombre et qui renferment en eux toutes les marques caractéristiques de couches brûlées par le feu.

On touve dans les montagnes de Kara-tau du granit et différentes espèces de cristal, etc.; tandis que l'Ak-tau (montagnes blanches) est uniquement composé de craie et de marne.

Les dernières montagnes l'emportent incontestablement sur les premières, au point de vue du pittoresque; elles s'étendent en crête longue et sinueuse, puis, en quelques endroits, se détachent en groupes distincts, et ont l'aspect de ruines gigantesques et fantastiques d'on ne sait quels forts, villes, palais somptueux. Parfaitement blancs, recouverts comme d'un toit par une couche aux teintes roses, ils semblent remplis de colonnes d'ordres différents; on se figurerait contempler des temples indiens, n'était leur végétation luxuriante. Les rayons du soleil, en illuminant et en perçant les nuages, projettent sur eux les reflets les plus multicolores, et les font briller parfois d'une beauté féerique. La nuit, au clair de la lune, la contrée change d'aspect. Tout paraît plus grandiose encore. Au milieu de la solitude qui vous entoure, on se croit transporté dans un monde à part, grave, vaste et silencieux, que semblent habiter des spectres gigantesques et que l'imagination d'un poëte se plairait à peupler d'êtres fantastisques.

Le sol aux alentours est nu et aride, les moutons et les chameaux peuvent à peine y trouver de quoi se nourrir; mais, comme il n'est point dénué de sources, on y rencontre de petits aouls kirghizes.

LES MONTS AKTAU

LES MONTS AK-TAU.

Le nom d'Ak-tau (montagnes blanches) a été justement donné par les indigènes à une chaîne de montagnes de craie qui ont une même composition géologique et des formes pleines d'analogie entre elles. Elles se présentent comme une grande muraille perpendiculaire découpée en piliers et en cavités, et qui entoure presque en cercle la chaîne moins longue mais plus haute des monts Noirs (Kara-tau). Ces derniers ont des pics, tels que le Kara-Tchekou, qui s'élèvent à 2 200 pieds, tandis que les monts d'Ak-tau, d'une hauteur presque partout égale, n'ont aucun point culminant qui dépasse 700 pieds.

Les groupes détachés de ces montagnes portent des noms différents. Ceux que nous représentons ici sont nommés par les Kirghizes : Ousir-tau, Akmych-tau et Kayrak-tau. Ils sont, ainsi que la chaîne entière, environnés d'un désert tout à fait plat, où de rares moutons trouvent à peine l'herbe qui leur est nécessaire. Dans les fentes de ces montagnes, et à l'abri du peu d'ombre qui y existe, croît parfois la molène élancée ou un amandier sauvage. Sauf cela, il n'y a nulle vie, pas d'oiseaux. Les nuages seuls flottent dans les airs, et, animés par les rayons du soleil, colorent un instant ces masses blanchâtres. Les aouls kirghizes s'aventurent rarement dans ces parages, car ils devraient chercher trop loin les sources indispensables pour désaltérer leurs troupeaux. Il arrive cependant, mais rarement, que des Kirghizes s'établissent près d'une source, arrosent le terrain environnant et y sèment un peu de millet ou même de *djygoura*, sorte de sorgo kirghize. Ils ne défrichent qu'un petit coin de terre, ce qui ne change rien à l'aspect général du paysage. Une fois les semailles faites, la famille kirghise ne quitte plus cet emplacement jusqu'à la moisson, malgré les ardeurs du soleil. C'est pourquoi on rencontre quelquefois dans ces montagnes blanches un chameau solitaire qui appartient à quelque aoul, qu'on n'aperçoit pas dans cet espace, caché qu'il est dans une gorge ou au bord d'un mince filet d'eau.

CIMETIÈRE DE DOLNAPA

LE CIMETIÈRE DE DOLNAPA.

Ce cimetière, situé dans le Manghichlak, du côté oriental de la chaîne d'Aktau, est pareil à tous les autres; il peut, avec le cimetière d'Aghaspeyar, donner une juste idée des tombeaux kirghizes. Il présente beaucoup de monuments terminés au sommet par deux petites bières de pierres, et qui semblent appartenir au Manghichlak; car je n'ai plus retrouvé, dans aucune partie du steppe, des tombeaux d'une forme semblable.

La vallée de Dolnapa fourmille de scorpions et de phalanges; quoique ces vilains insectes abondent dans tout le steppe, ils sont plus nombreux ici qu'ailleurs. On en rencontre sous chaque pierre. Les scorpions des steppes sont petits et jaunâtres, quoiqu'il y en ait parfois aussi de noirs. La phalange est longue de deux pouces; elle a de grands yeux, d'un bleu violet, et, au bout de son petit museau, deux petits crochets, en haut et en bas, avec lesquels elle mord; ses pieds, très-longs, sont au nombre de dix, et elle en possède de plus une quantité de petits sous le corps; elle court rapidement, est très-méchante, et si gourmande, qu'elle mange même d'autres phalanges; sa morsure est très-dangereuse. Les moutons sont les ennemis jurés des phalanges, et les dévorent avec avidité. Les Kirghizes en ont conclu que les peaux de mouton préservent le mieux des phalanges, et c'est la raison qui leur fait étendre de ces peaux dans leurs kibitka.

TABLE DES MATIÈRES.

PARIS. — TYPOGRAPHIE DE COSSON ET COMP., RUE DU FOUR-SAINT-GERMAIN, 43.

www.ingramcontent.com/pod-product-compliance
Ingram Content Group UK Ltd.
Pitfield, Milton Keynes, MK11 3LW, UK
UKHW020345230726
13925UKWH00003B/969

9 782013 662932